子どもの自己効力感を育む本

ニューヨークライフバランス研究所 代表
松村亜里

Books that nurture children's self-efficacy

WAVE出版

はじめに——ママの言葉は絶大な威力をふるう

自分の可能性を信じて、いろいろなことに挑戦できる人になってほしい。自分の手で幸せをつかみとってほしい。そう願って、我が子に次のような言葉をかけていることはありませんか？

「○○ちゃんなら頭がいいからできるよ」
「あなたは賢い子」
「やれば何でもできる子だよね」

いい言葉はたくさん聞かせてあげたほうがいいと、普段から意識して声かけしているママも多いかもしれません。

しかし残念なことに、よかれと思ってかけた言葉が、最も避けたい事態を招くこともあります。「どうせ、うまくいきっこない」「自分には無理だからやりたくない」と、子どもたちは挑戦することをやめてしまうのです。

え？「賢いね」「あなたなら何でもできる」と励ましているのに、どうしてそうなっちゃうんですか？　と、みなさん大変驚かれます。

事実は事実なので、はっきりお伝えします。「あなたなら頭がいいからできる」「賢い子」「やれば何でもできる」とママに言われ続けたことが原因で、子どもたちは必要以上に失敗を恐れ、未知の領域に挑戦できなくなってしまうことがよくあるのです。

言葉が原因ならば、言葉を変えればいい

うちの子が消極的で無気力なのはどうしてだろう？　と悩んでいた原因を、まさかママ自身が作っていたなんて、ショックですよね。そのことに気づいたときはみなさん、がっくり肩を落とされます。

でも、大丈夫！　言葉が原因ならば、言葉を変えていけばいいのです。今すぐに変える

ことができるのです。

私自身、「あなたは賢い」と子どもに言うことに何の違和感もなく子育てをしていたときがあります。当時、息子は落ち着きがなく、宿題が難しいと癇癪を起こして、じっと座っていることができない。頭を悩ませる日々が続いていました。そんな息子に大きな変化が訪れたのは２０１５年の１月、私がポジティブ心理学プラクティショナーのクラスで最新の自己効力感の研究をしっかりと学び、子どもたちへの声かけを変えたときです。

「できても、できなくてもいい。やってみよう」と自己効力感を育てる言葉を伝え始めたことによって、今では集中して学び、難しいことも投げ出さず、できないことでも落ち込まないことが多くなりました。そして何より母親である私自身が変わったのです。

できそうなことにしか挑戦しなかった私が、未知の領域にも挑戦できるようになりました。

子どもたちにはより多くのことにチャレンジして、いろいろ楽しんで生きていってほしい。その思いを変える必要はありません。変えるのは言葉だけ。ママの思いがまっすぐに届く言葉に変えていくだけでいいんです。そして嬉しいことに、その効果は一瞬で表れます。

子どもたちは「未だ知らない世界にチャレンジしたい」「何でもできるようになりたい」という気持ちを抱いて生まれてきます。

生まれ持ったチャレンジ精神そのままに、人生を喜んで歩んでいけるような声かけを、今日からしていきませんか。

子どもの「やりたい」気持ちに届くのは、どんな言葉だったらいいの？　そのヒントを、事例と一緒にひとつずつご紹介していきます。

ママの言葉として紹介していますが、子どもに関わる全ての人に当てはめて読み進めてくださいね。

松村　亜里

２０２０年２月

子どもの自己効力感を育む本……目次

第2章

「自己効力感」を育てる声かけ

自己効力感を育てる声かけ①「うまくいったとき」

自己効力感を育てる声かけ④「やる気や自信がないとき」

第3章 親から子どもに伝えたい4つのこと

〜幸せな子を育む土台をつくる〜

第1章

子どもはみな「自己効力感」を持って生まれてくる

子どもの能力を伸ばしたい、チャレンジ精神を育みたいと望むなら、ぜひ知っておいてほしいのが「自己効力感」というものです。

自己効力感って何？

まずはそこから始めましょう。

結果を恐れずに挑戦する力＝自己効力感

公園で自転車の練習をしている少年がいました。その危ういバランス感覚に、見ている私のほうがハラハラ。案の定、漕ぎ出してはすぐに倒れてしまいます。悔しくて泣き、ひざをすりむいた痛さでも泣き、それでもまた立ち上がり、何度でもサドルにまたがる……。

そんな姿を見ていると、「ああ、本当に子どもはチャレンジ精神の塊なんだ」と感激したのを覚えています。

「絶対に自転車に乗れるようになりたい！」という強い思いが彼を突き動かし、転んだ痛みなど忘れさせたのでしょう。時間すら忘れて、いつまでも練習を繰り返していました。

「失敗したくないから、もうこのへんでやめておく」なんて選択肢はどこにもありません。

何があっても前向きに生きる人になってほしい

結果を恐れずに挑戦していくことができる力を「自己効力感」と言います。そして人はみな本来、自己効力感を持って生まれるとされています。

この自己効力感を大きく育てることが、子どもの積極性を伸ばし、いろいろなことにチャレンジして幸せになっていくための重要な要素として、今とても注目されています。悲しいことに、日本の子どもは、自己効力感が低いことがわかっています。

「元気で強く明るく、たくましく、前向きに進む人になってほしい」と願うママたちが育ててあげるべきは、子どもの「自己効力感」なのです。

信念・自信・希望を持たせよう

自己効力感が高いというのは、次のような意味を含みます。

1　自分は周囲の人や物事に影響を与えられる人なのだという「信念」

2　自分は課題を解決し、目標を達成できるという「自信」

3　今はできなくても、努力すれば将来できるかもしれないという「希望」

自分の行動は意味あるものだという「信念」がある。自分なら目標を達成できるという「自信」がある。難しい課題であっても努力すれば少しずつ目標に近づけるという「希望」を持っている。だから未知の世界に飛び込む勇気が湧いてくるんですね。

自己効力感の高い子は幸せになれる

「できるかできないかわからないけど、とにかくやってみよう」
「結果がどうなろうと、あまり気にしない」
「挑戦すること自体が楽しい」

そう思える人は、仕事にも前向きになり、楽しみながら続けていくことができます。自己効力感は、「働く喜び」を指すワークエンゲージメントに関係している、という調査結果が出ているのです。

自分の仕事を楽しみながら働いている人って素敵ですよね。子どもたちには将来、自分の強みを活かせる仕事に就いて、思いっきり人生を楽しんでほしいものです。

ところが残念ながら、日本ではこのワークエンゲージメントがとても低い状態です。

仕事を楽しめる人、楽しめない人

仕事って挑戦の連続だけど、失敗するのが怖くてそれを楽しめない。

↓

結果もついてこない。

↓

ますます楽しくない。自信をなくす。

そんな悪循環に陥っている人が、あなたの周囲にもいませんか。自己効力感が低いせいで、何かに挑戦することをためらっていると、そこから全てが悪い方向へ進んでしまうことがあるのです。

「どうせ、うまくいきっこない」「自分には無理だからやりたくない」と感じると、子どもは挑戦することをあきらめてしまいます。それは大人の場合も同じで、「がんばってもどうせ、うまくいかない」と決めてかかっているような自己効力感の低い人は、何事に対しても投げやりになり、少しでもいい仕事をしよう、もっと心地よい理想の暮らしをしようと意欲を持つことが難しいでしょう。

したがって、成果を上げることができず、よい評価を得ることもできません。そんなふうにして、ますます仕事がつまらなくなっていってしまうのですね。生きることそのものがつまらなく思えてしまうことさえあります。

出会いに恵まれる人、恵まれない人

さまざまな分野で偉業を成し遂げた人々の共通点は「自己効力感が高かった」ということ。「どうなるかわからないけど、とにかくやってみよう」と飛び込める人、あきらめずに挑戦し続ける人は、自ずとよい結果を出すということなのです。

それは仕事に限ったことではありません。「やってみよう」と前向きな気持ちで取り組める人は、勉強も、スポーツも、友達づくりも、多方面で楽しむことができるんですね。

人は「信念」「自信」「希望」を持っている人を応援したくなるし、そんな人についていきたいなと思うものです。そこから素晴らしい出会いを得て、多くの人の助けの中でよい結果を出していける。それが自己効力感のなせる業《わざ》です。

最強のモチベーションは自己効力感

人が何か行動を起こす際の動機、きっかけとなるものなど、いわゆるモチベーションについて考えてみましょう。

たとえば、長年タバコを吸っている女性が妊娠を機に禁煙しようとしているとき、どんなモチベーションが最も禁煙を成功させると思いますか。

1「生まれてくる子どものためにも、不健康なことはしたくない」と生理的危機感を抱いたとき

2「タバコやめたら100万円あげるよ」「やめないと100万円の罰金だぞ」と報酬や

罰を与えられたとき

3 「私の行動がきっとよい何らかの変化をもたらす」と思えたとき

答えは3の「私の行動がきっとよい何らかの変化をもたらす」と思えたときです。「やればきっと目標に近づける」と確信させる自己効力感が、何よりも強力に行動を後押しするのです。

子どもたちの自信の芽を摘まないで

「〇〇しないといけない」「〇〇できるようにしたい」と思っていても、実際の行動に移せる人は案外少ないものです。多くの場合、人は思考と行動の間に高いハードルがあることを痛感しているでしょう。

でも、〝あらゆる動機付けの中で最も効力があるのは自己効力感である〟と知った今、自分の思考や行動をうまくコントロールする方法が見えてきたのではないでしょうか。

そう！「今すぐできなくても努力によって、きっとゴールに近づける」と自分を信じ、希望を持つことが成功への鍵なのです。周囲の人の励ましや魅力ある報酬も効果がありますが、それよりも何よりも「自分が何らかの影響を与えられる」ということを信じられることのほうが大きいのです。

子どもたちにも、自分の行動が何らかの影響を起こせると信じられるような声かけをしていきましょう。子どもが持って生まれた自己効力感を親が損なわないように、芽を摘まないようにと、心を配ることが必要です。

「やればできる」より「やってみよう」という気持ちを育てる

自己効力感は、「やればできる」という気持ちや、「自分なら目標を達成できる」という「自信」だけを指して説明されることが多いですが、私自身研究し実践してきて、これはちょっと違うと思っています。

「やればできる」だけだと、できない可能性があるものには挑戦しないので、経験が限られてしまいます。実際、「やればできる」という気持ちには過去の成功体験が大きく関係しています。環境や価値観など、さまざまなものがものすごいスピードで変化していく今、過去の経験があまり役に立たない場面も多いでしょう。「やればできる」という自信だけが挑戦を促す起因では、行動に移せないことが多いのです。

最も育てたいのは、自信がなくても「やってみよう」と思える気持ち。自己効力感というのは「(やればできるのかはわからないけれど)とりあえずやってみよう」と思える気持ちと説明したほうがいいでしょう。「やってみよう」はこんなときに育ちます。

1 そのプロセス自体が楽しそうと好奇心が湧くとき。

2 そのプロセスで努力することで自分の能力が伸びると思えるとき。

3 そのこと自体に意味があると感じているとき。

自転車・お絵描き・折り紙・跳び箱……、子どもたちが自ら挑戦しているときは無意識のうちに1、2、3いずれかの気持ちが芽生え、自己効力感が高まっているときです。ママの声かけ次第で、よりいっそう自己効力感を高めてあげられるチャンスですね。

「やってみよう!」から成長は螺旋状に伸びていく

中卒だった私が、全く自信はなかったけれど、「やってみよう」の気持ちひとつで飛び出したアメリカ留学は、今では私の血となり肉となりました。今、こうして本を出させていただくようにもなり、人前で話すことも多くなりました。「やればできる」という自信や確信がないと動けなかったのでは、今の私はないでしょう。

「やればできる」は確約できないけど、プロセスを楽しめて、プロセス自体が成長で、それをやること自体に意味があると感じて動き出せるとき、人は自分の力を最大限に成長させ、多くの人たちの役に立つことができるようになるのではないでしょうか。この本でいう「自己効力感を育む」は、そんな「まずはやってみよう」という気持ちです。

その気持ちの裏に大きくある「信念」は、「自分の行動が、何らかの影響を自分の環境に与えられる」というものです。与える影響は、すごく小さいかもしれないし、大きいかもしれない、大きさを問いません。そこには「自分に何らかの効力がある」という希望があるのです。

自己効力感が高い人ほど、大きな成功をつかむ

何か新しいことに挑戦するときって、誰でも勇気がいりますよね。「今までやったことのないこと」「今の自分よりも高い目標」を目の前にすると、「できるのかな」「できなかったらどうしよう」と不安や恐怖が出てきてしまうのは、よくわかります。

不安や恐怖が押し寄せても、その先へ「えいっ」と飛び込んでいける自己効力感があるかどうか。それは自分の「能力」をどうとらえているかによって左右されます。

あなたのお子さんは、自分の「能力」をどうとらえているでしょうか。次の2パターンのうち、どちらの傾向にあると思われますか。

□どんなことがどのくらい上手かは、生まれつき決まっているものだ

□どんなことがどのくらい上手かは、努力によって伸びるものだ

「能力があるかないかは、生まれつき決まっている」と信じている子は、「自分のキャパは知れているのだから、がんばっても意味ないよ。努力するだけムダ」と思ってしまうでしょうね。

その反面、他人の評価が気になるので、いい面だけを見せることに一生懸命になります。「能力のある子」「できる子」とうイメージを維持しようと必死になるのです。

カンニングしてまでテストでいい点を取ろうとする子もいるでしょう。親や先生に「あの子はできる」と思われたいからなんですよね。点数が悪いと、「あの子は能力が低い。失敗ばかりする」ということの証明になってしまうので、何としても避けたいわけです。

そんなふうにマイナス方向の発想が続くと、「少しでも失敗する可能性があるなら、挑戦などしたくない」となってしまう恐れがあります。

一方、「努力すれば能力を伸ばせる」と信じている子は、「自分にはもともとどれくらい能力があるか」という点を重要視しません。どうでもいいんですね。だって、能力は努力で伸ばせるのですから！

そういう子は、「やれば上手になっていく」と信じているので、勇気をもって「挑戦」し、努力を継続することができるんです。

スタンフォード大学で教鞭を執るキャロル・ドウェック氏は、学問、芸術、スポーツ、ビジネスなど、各分野で偉大な功績をあげた人とあげられなかった人の人生を30年にわたって追跡調査をし、「大きな功績をあげた人々に共通しているのは、努力することによって能力を伸ばせるという思考だ」と結論づけました。

能力というものについて、どんな考えを持っているかが、その後の人生を大きく変えていくのです。

自己効力感が高い人として私がまず思い浮かべるのは、登山家の三浦雄一郎さんです。２００３年、三浦雄一郎さんは世界最高峰のエベレストに、世界最高齢（ギネスブックに掲載）となる70歳7カ月で登頂を果たしています。その快挙を皮切りに、75歳でエベレスト再登頂、さらに80歳で3度目のエベレスト登頂に成功し、世界記録を3度も更新するという偉業を成し遂げました。

そんな三浦さんも、幼い頃は病弱だったそうです。それで少しでも体を鍛えたかったのか、小学2年生のときにスキーを始めて、以来めきめきと頭角をあらわし、やがてはプロスキーヤーとなっていきます。

ただ、若い頃からの不摂生がたたって、65歳の頃は不整脈が出るほど不健康だったとのこと。そこでまた三浦さんは一念発起し、70歳でエベレスト登頂を果たすことを決め、体を鍛え直したのだそうです。

その当時の様子を伝えるドキュメンタリー番組がありましたね。私もテレビで見ました。三浦さんは、外出する際は足に重りをつけ、20キロもある重いリュックを背負って歩くのです。日常の全てがトレーニングと化していました。

「だけど、いくら三浦さんでも、70歳でエベレスト登頂は無理でしょ」「危険すぎる」と反対する声も当然あったと思います。

「もう年なのだから、できなくて当たり前だよね」と思っていた人も多かったでしょう。それだけに、エベレスト登頂に見事成功というニュースを聞いたときは本当にびっくりしました。自己効力感がとても高い人だと感じました。

周囲が何と言おうと、本人が「やってみよう」と挑戦すれば、夢は実現してしまうのです。そのことをまざまざと見せてもらったと私は思っています。

いくつになっても挑戦を続ける生き方

昨年（2019年）の1月、三浦さんは86歳の冒険に挑みました。南米最高峰の山であるアコンカグア登頂とスキー滑走です。しかし健康上の理由により、惜しくも途中で断念せざるを得ない運びとなりましたが、息子の三浦豪太さんがアコンカグア登頂を達成し、スキー滑走を成し遂げました。

結果はどうあれ、いくつになっても挑戦する姿を見せてくれる三浦さん。「年をとるともう挑戦はできない」という思い込みを吹き飛ばし、人はいくつからでも挑戦できる、それは可能なのだと、人生の先輩が示してくれるのはとても嬉しいことです。

限界を超えようとすることで能力は開花する

今はさまざまな研究が進み、実際、能力は努力次第で伸びていくことが科学的に証明されています。強い興味を持ち、貪欲に取り組んでいるときには、私たち人間の脳では、ニューロンと呼ばれる脳の神経細胞が成長し結合しあって新しいネットワークを作っていくことが立証されているのです。しかも、そうした成長は死の直前まで続くというのですから驚きです。

能力のほとんどは何歳までに決まる、なんていう考えはもう古いのです。

ましてや、生まれたときにはすでに能力の有無が定まっているなんて、ありえない話です。

自分の限界を超えようとして何かに挑戦するたびに能力は開花し、成功を勝ち取る可能性をいくらでも高めてくれます。

自己効力感を育てれば、「自己肯定感」も育っていく

自己効力感というものについて、いろいろ述べてきましたが、ここでちょっと角度を変えて、「自己肯定感」というものについても考えてみましょう。

自己肯定感とは、自分の全てをありのままに受け入れ、「どんな自分も好き」と自分にOKを出せることです。自己肯定感が高い人が、成功や幸せを得られるのだと長く考えられてきました。しかし実は、両者のはっきりとした因果関係は解明されていません。

オーストラリアの大学で教鞭をとる社会心理学者ロイ・バウマイスター氏は、自己肯定感、そして成功や幸福、この2つは同時に高まるもので、どちらかというと成功の喜びや幸せを感じるほどに自己肯定感が高まる傾向が認められると報告しました。成功の喜びや

幸せを感じることで自己肯定感が自ずと高まるというわけです。自己肯定感が高い人ほど成功できる、幸せになれると考えられてきたこれまでとは逆のベクトルがあることが唱えられました。

成功しても失敗しても幸せになれる

自己肯定感を高めたい方は、どんどん幸せを感じてハッピーになり成功や達成の体験をたくさん積んでいくといいんですね。では、達成する体験を得るにはどうすればいいのでしょうか。その秘訣が「自己効力感」です。

「自己効力感」とは挑戦する力のこと。挑戦することがなければ、失敗する恐れはないけれど、成功するチャンスもありません。ですから、挑戦できるということは、それだけ成功する可能性を手にしているということなのです。

自己効力感のある人は結果を恐れません。「できるかどうかわからないけど、やってみよう」とチャレンジ精神旺盛に行動し、努力することを厭わないので、結果として成功を手に入れることができるのです。うまくいかないこともあるでしょう。それでも、結果よりプロセスを重視しているので、経験の全てがその人の糧となり、幸せを感じる力を高めます。成功しても失敗しても、いずれにせよ幸せになってしまうわけです。

幸せを感じるとき、自己肯定感が高まります。ですから、自己効力感が高い人は、ただそれだけで、自己肯定感を高めることができるのです。

自己効力感（挑戦する）

←

成功しても失敗しても

←

幸せアップ

←

自己肯定感アップ

という構図になっています。

声かけひとつ、一瞬で高まる自己効力感

「褒めているからいいよね」

「よい影響を及ぼしているよね」

と思って声かけしても、実はそれが自己効力感を阻害する原因だったら？　これはママにとってかなりショッキングなことです。

まずは普段の言葉がけに、「賢い子」「あなたならできる」「やればできる子」などがないか思い出してみてください。あったら今日から即やめましょう！

「頭がいいね」と褒めるのは逆効果

小学5年生の子どもたち数百人を対象に行われた研究があります。

ある知能試験の課題をしてもらった後に、子どもたちを2つのグループに分け、1つのグループには「よくできたね。頭がいいのね」と能力を褒め、もう1つのグループには「よくできたね。がんばったね」とその努力を褒めました。

この時点では2つのグループの成績は全く同じだったのに、この声かけ1つで子どもたちのその後は激変します。

能力を褒められたグループは、その後、新しく難しい課題に挑戦するのを避けるようになりました。一方、努力を褒められたグループは9割の子どもが新しい課題を選ぶという結果になったのです。

さらに、難問課題に挑戦させると、どちらのグループの子たちも皆できなかったのですが、頭がいいと褒められたグループは「自分は頭が悪いんだ」と落ち込んだのに対し、努力を褒められたグループは「なかなか解けないからもっとがんばろう」と、解けないことを失敗ととらえたり、自分の頭が悪いせいと思うことはありませんでした。

そのプロセスを楽しんでいたかどうかも分かれました。能力を褒められたグループは、問題がうまく解けたときだけ楽しいと答え、努力を褒められたグループは、むしろ難しい問題のほうが面白いと答えました。

「あなたは頭がいい」親なら日常茶飯事に使っている言葉かもしれません。そんな何気ない一言が、子どもに「応援されている」のではなく、「評価されている」と思わせてしまうのです。子どもと関わる私たちが、言葉の影響力を知って気をつけて使うことが大切ですね。

「恐れ」からの行動は挑戦にいたらず

勉強が、自分の能力をまわりに証明するものとなっているときは、完璧にするということにこだわります。一生懸命にやっていても、学ぶことを楽しんではいないのですね。完璧にできなさそうなときには、物事を先送りしたりします。

これは、やりたい、成長したい、意味を感じるといった「愛」からの行動ではなくて、完璧にやらないと「できそこない」の烙印を押される、愛されないという「恐れ」からの行動ゆえ。能力を褒めるとそちらの方向に行ってしまうことは、先ほどの研究でわかってもらえたと思います。

日本の方とお仕事をすると、素晴らしく完璧な仕事ぶり。でも、皆が間違えないように間違えないように仕事をしていると感じることがあります。恐れからの仕事で、愛や好奇心からの仕事ではないんですね。さまざまなときに、恐れからやっているのか、愛からやっているのか、考えていきたいものですね。子どもには、評価や失敗を気にせず挑戦し、楽しむ、愛から動く人生を歩んでもらいたいと願っています。

挑戦することに一番意味がある、と教えよう

「あなたは賢いからできるよ」よく使いがちなこの言葉もまた、親の理想に沿わなければダメなんだと、子どもに思わせてしまう要注意ワードです。「できる子ね」「いい子ね」は、

できなきゃいけない、いい子でなきゃいけない、と子どもの首を絞める呪いの言葉になってしまうのです。

「やればできる子だよ」も一見、あなたのことを信じてるよと言っているように聞こえますが、実は「今はやれていない」「今はできてない」と暗に伝えているわけで、今のその子を認めていないのです。

では、何と言ったらいいのかというと

「やればそのうちできるようになるよ」
「すべてはできないかもしれないけど、そこから学べるよ」
「結果は約束されてないけど、やってみよう」などなど。

挑戦することに一番意味があるのだというメッセージを伝えることが大切です。「いい結果を出すことや、成功することだけが目的じゃないんだよ」と子どもが感じとれる言葉がいいですね。

5年生の子どもたちの研究例にもあったように、ただ一言の声かけでも、その効果を瞬時にもたらします。その一言がずっと頭に残れば、継続的な効果を見込めます。

言葉の力はすごいですね。だからこそ、適切な言葉を見つけて使っていくことがとても大切。今、この本を読んで、いい言葉がけについて知ろうとしているみなさんは子どもの自己効力感を大きく育てられるでしょう。

やってみよう、成長しよう、糧にしていこう

失敗したっていいんです。失敗続きでもいいんです。実際、いつまでたっても成功しないかもしれません。いい結果を出せずに悶々とすることもあるかもしれません。

でも、そのことだけにとらわれず、「やってみよう、成長しよう、糧にしていこう」と伝えてあげることが大事です。

すると、失敗もまた成功への一過程なのだととらえて挑戦し、一生懸命に取り組むようになります。失敗と成功は真逆のものではなく、実は同じ方向を向いているんですね。

子どもは生まれながらに、いろんなことに挑戦したいし、今できなくてもいつかできるようになるだろう、と希望を持っています。もともと自己効力感があるんですね。

ですから親の私たちは、子どもの中にすでにある自己効力感がそのまま素直に発揮されるような言葉をかけてあげるといいのです。植えつけようとする必要はありません。

言葉をかけた直後から、子どもたちに変化が起こります。「ママに認めてもらっている」「能力は努力で伸びる」「挑戦することが大切」そう思えるので、チャレンジすることが増え、世界が広がり、ますます笑顔が増えること間違いなしです。

第2章

「自己効力感」を育てる声かけ

この章では、シチュエーションごとに、親が子どもにかける自己効力感を「育む言葉」・「育まない言葉」を紹介していきます。シチュエーションは「うまくいったとき」「失敗したとき」「問題行動があるとき」「やる気・自信のないとき」にカテゴライズされていますので、ご自身の日常に当てはまる項目から読んでみてくださいね。

心理学にも子育てにも正解はありませんし、状況や親子の関係性、子どもの年齢によっても変わってくるものですが、多くの人が試して効果があった中で、できるだけ汎用性の高いものを紹介しています。ぜひ試してみて、目の前のお子さんの様子をよく観察しながら工夫していってください。「やってみよう！」と思えるかどうか、ママ自身の自己効力感も問われていますよ！

うまくいったとき

失敗したり困っているときよりも、成功したときのほうが声をかけるのが簡単と思う方がいるかもしれません。実はそうではないんですね。

ここでは、子どもが成功したり、うまくいったときのシチュエーションごとに、自己効力感を育む言葉・育まない言葉を紹介していきます。「こんな言葉が子どもの『やってみよう』を妨げている」と気づいたら、自己効力感がアップする言葉に変えていきましょう。

①うまくできたときは、そのプロセスを褒める

子どもが小学校に上がると、ちゃんと勉強についていけているかどうか、テストで何点取ったかなど、ママにとって毎日が心配の連続です。子どもたちもそのことをよく承知しています。ですから、テストでいい点を取ると、真っ先にママに報告してくれるでしょう。

「僕、算数のテストで100点だった」

そう言われてママも大喜び。嬉しくてたまらず、「よくできたね〜」という気持ちでつい言ってしまうこんな言葉、

「○○ちゃん、頭いいから」

「天才だね」

「もともと賢いからね」

これらはNGワードです。自己効力感をアップするこんな言葉に変えていきましょう。

「算数が好きで、よくがんばったもんね」「毎日勉強してたもんね」

結果よりも努力を認めよう

「頭がいい」「天才」「賢い」というのは、相手の才能や能力を褒める言葉です。褒めているのだからいいだろうと思われがちですが、実はこれ、相手を縛りつける負の面もあるので要注意です。

能力が高いことを褒められた子は評価されたと感じ、「いつも賢くいないといけない」「賢くない自分には価値がない」と思うようになっていくことがあるのです。自分の存在価値は「賢い」ことにあると思ってしまうんですね。そして、いつも賢い自分でいなければいけないというプレッシャーや不安に苛まれるようになります。

でいます。

「あきらめずに最後までやったもんね」

「ママ、○○ちゃんががんばっているところ見ていたよ」

と努力を褒める言葉に変えていきましょう。これを私は「プロセスフォーカス」と呼んでいます。

もともと能力があるかどうかは関係ない、努力することが素晴らしいのだというメッセージを受け取った子は、「次もまたがんばろう」と、挑戦する気持ちがみなぎります。「次もきっとがんばることができる」と自信を持つこともできます。

それとは対照的に、「僕は天才だからできたのだ」と思っていると、できなかったときは即「自分はなんてバカなんだ。最低最悪だ」と極端な考えに直結してしまうんですね。また、間違えそうなことはやらないで賢い自分のイメージを保とうします。

私がこれをまざまざと感じたのは、カウンセラーとして大学に勤めていたときです。その大学には多様なバックグラウンド、いろいろな性格の学生がいましたが、地方出身の優等生たちの中で苦しんでいる学生がとても多いことに気がつきました。

彼らは小さな田舎町で神童と言われて育ったため、ずば抜けて頭のよいことだけが自分のアイデンティティだったんですね。ところが大学へ進んでみると、自分より頭のいい人がゴロゴロいるのです。

それに比べて自分はなんてバカなんだ、と思ってしまったとしても無理はありません。プライドが傷つき、自信をなくし、これまで自分を支えてきたものが足もとからガラガラと崩れ去ってしまうような危機感にイラだっているようでした。

そんな彼らも、がんばって努力していることを評価されて育ったなら、きっと違ったはず。

「あの人は天才だ」などと安易に決めてしまうのはよくないことですね。

夫はよくオリンピックなど見ていて、子どもの前で、

「この人、天才だな」

「何かがもともと違うんだ」

と感嘆の声をあげるのですが、そうしたときに私は必ず、

「天才じゃなくて、普通の人がすごくがんばったんだよね」

と言い直しています。


努力することの素晴らしさが見逃されやすい社会です。まずは家庭から変えていきましょう。

才能よりも努力を褒めることのほうが大事。

②物事を速く習熟したり、完璧にできたときは？

少し教えただけでテストで100点をとってきたり、スポーツなどすぐにできるようになったとき、こんなふうに褒める親もいるでしょう。


「何も勉強していないのにできるなんてすごいね」

「ひとつも間違っていないね。完璧だ」

「ちょっと教えただけですぐマスターするなんて、素質があるよ」

「すごいね！　速くできたね」


このような褒め方はNGです。自己効力感をアップするこんな言葉に変えていきましょう。

「ずっと粘り強く取り組んできたから、正解率が上がったね」
「すごく集中してやっていたものね」
「何度も練習したから、以前より速くなってきたね」

何らかの努力によって今の結果が出ていることを強調してあげましょう。

速さより、完璧さより、努力を褒められるとがんばれる

速くできたこと、完璧にできたことには、つい目がいって褒めてしまいたくなるものです。ただ、このような言葉をかけると、時間をかけることや努力することが、頭がよくない証明のように感じてしまい、努力ができない子になっていきます。あるいは、完璧でないものには意味がなく、不完全な状態が許せなくなってしまいます。これは大きな問題です。なぜかというと、初めから何でもすぐに完璧にできるということは稀なことだからです。

娘のクラスメイトのお友達が遊びにきたときのこと。その子の弟が、まだ1年生なのに

不登校だと聞いて驚きました。「学校で何に苦労したの?」と聞くと、それに答える前に、彼女がどんなに弟が賢いかという話を一生懸命するのです。

「弟は学校に行っていないけど、本当に賢いの。算数とか、質問されるとすぐにわかるの。考えもしないで答えがポンと出せちゃうの。本当に賢いんだ」

これを聞いて、なぜ不登校になったのか大体わかったように思いました。裕福な家庭に生まれた待望の男の子。天才だ、神童だ、いろんなことが速くできる、と褒めそやされてきたのでしょう。

「で、学校で何かイヤなことがあったの?」と聞くと、読書でつまずいたのだとか。「本当は」頭がいいのに、リーディングがうまくできなくて、癇癪を起こしたそうです。すぐできる、努力しなくてもできることを褒められれば、努力をしなくてはいけないということは、イコール、自分に能力がないということになり、学校が耐えられない場になったのでしょう。

速くできることを褒めそやされず、努力が大切、努力すれば少しずつできるようになると教えられていれば、きっと乗り越えられただろうと思うと悲しい気持ちになりました。

完璧さも同じで、大体多くのことは、完璧にできるまでには、30%のでき、60%のでき、80%のでき、と成長していって、いつか完璧にできるようになるのです。完璧であることを褒められると、90点や完璧でないことを失敗とみなし、受け入れられないので、成長ができません。

どれだけ速くできたとか、完璧にできたかということよりも、「どんな方法で、どれだけ努力し、どんな選択をしたのか」というプロセスに対するフィードバックをしてあげましょう。

速さや完璧さを褒めないで、30%、60%と刻む成長に目を向けよう。

③「粘り強い」「丁寧」など、気質や人格に注目する

おもちゃのブロックで遊ぶことが大好きな男の子。せっせと積み上げて、緻密な作りの大作をママに見せてくれた。頭のいい人はたいてい、小さい頃にブロックで遊んでいたというし、なんだか嬉しい！　ママは大喜びですね。そんなとき、

「こんなすごいのが作れるんだから、勉強もすごくできるようになるね」

「ブロック遊びが好きなのは頭がいい証拠ね」

と言ってしまうのはNGです。自己効力感をアップする、こんな言葉に変えていきましょう。

「細かいところまで丁寧に作ってあるね」

「長い時間、粘り強く続けていたね」

性格的な強みにもっと目を向けよう

親なら誰しも、子どもの能力面を気にかけます。「どんなことが、どれだけできるようになったか」と、目を光らせています。でも本当は、性格的な強みにもっと目を向けるべきなんですね。親切、勇敢、忍耐強さ、クリエイティブ、誠実、ユーモラス……こうした性格の強みが、実はスキルや才能に大きく影響しているのです。

凄腕営業マンが次から次へと契約を取れるのは、営業スキルや才能があるから、と一言ですませることはできません。誠実だから顧客の信頼を得られ、ユーモラスだから会話が弾み、忍耐強いからお客様の話をじっと聞ける。そういう性格面での強みが大きく貢献しているのです。

我が子にもそういう性格のよさを見てあげたいけれど、ちょっと難しいかなという方に、いい方法をお教えしましょう。私たちは愛があるゆえに、子どものダメなところを探すことが得意なのです。しかし、短所もあれば長所もあるはずなので、両方をちゃんと見てあげることが大切です。

ダメな性格（弱み）が見られるなら、その裏には必ず、いい性格（強み）もあるんですね。裏と表、どちらの面を見ているかにより、いい子に思えたり、悪い子に思えたりしてしまうのです。

親である限り、我が子の弱みを見つけやすい。これはもう仕方のないことです。しかし、ダメな性格が目につくときこそ、よさを見つけるチャンスなのです。裏を表にひっくり返して、よい性格を認めてあげましょう。

「優柔不断」は「優しさ」
「がんこ」は「軸がブレない」
「のんびり」は「忍耐強い」
「おとなしい」は「思慮深い」

そうとらえると、子どもの強みが次々と見えてきます。

子どもたちは、自分の性格を親に褒められることが大好きです。なぜ褒めてもらえたのか、とてもわかりやすいからでしょう。子どもはその褒め言葉を素直に受け取り、自分の価値を認識していきます。そのようにして自信をつけた子は、物事に意欲的に挑戦するようになっていきます。

性格褒めで、自己効力感を高めていきましょう。

性格を褒めると、能力も育つ。

④うまく絵を描けたときは、「上手ね！」でいい？

子どもが絵を描いて、「ママー、見てみて！」と持ってくることはよくあることですよね。ママは忙しいし、ついチラッと見て、

「上手に書けたね！」

「○○ちゃん、絵を描く才能があるね」

などと、出来栄えや能力を褒めてしまいがちですね。でもこれ、ＮＧです。

自己効力感をアップする、こんな言葉に変えていきましょう。


「このピンクと赤の色が面白いね」

「この象さんのお鼻の部分が立体的なんだ！　工夫したね！」

「ここってどうなってるの？」

親の気持ちを伝えればいい

ついつい、上手にできた、才能がある、と言いたくなってしまいますが、こうした「評価」は必要ないのです。「ママはここが好きだな」「この色に決めたのはなんで?」とその絵を見て感じたことをそのまま伝えたり、質問したりしましょう。

このようにすると、能力の問題にならないし、なにより、親が自分のことに興味関心を持ってくれているということが伝わります。「あら上手ね」は一瞬見るとできるフィードバックですが、描写や気持ちを伝えることは、作品をよく見ないとできませんよね。

親は評価する人ではなくて、自分に関心を持ち、自分の好きなことを大切にしてくれる人、応援してくれる人だと感じられるのです。

「上手ね」と評価するより、関心を示していこう。

⑤優劣をつけない上手な褒め方

授業参観日に訪れた教室に、子どもたちの作品が並んでいる。それをママが見てくれたことが嬉しくてたまらず、子どもは家に帰ると真っ先にママのところへとんでいき、「僕が作ったの上手だったでしょ。一番上手にできてたでしょ」と聞いてくることがあります。ママも嬉しいから、それに自信をつけてほしいと思うから、ついこう言ってしまうんですよね。

「うん、一番上手だったよ」

「天才だね」

実はこれ、NGです。自己効力感をアップする、こんな言葉に変えていきましょう。

「作るのが以前よりとても上手になったね！」
「ママ、あの緑色がきれいだと思ったな」
「どこを工夫して組み立てたのかな？」

ほかの子と比較して褒めない、能力の話にしない

まずは子どもの嬉しい気持ちに共感し、一緒に喜びましょう。「素敵な作品だったね」と褒めてあげるのはいいことです。ただし、「クラスの中で一番うまい」というように、ほかの子と比較して褒めないこと。また、「工作の才能があるね」というように、能力の話にしないこと。この2点が重要です。

子どもは「みんなより上手でしょ～」と比較して、自分に能力があると言いたいのですが、そこをうまく逸らしてあげることが大切なんですね。

「ほかの人と比較して、能力がすぐれている」という理由で得られる自己肯定感は、非常

に壊れやすいものです。常に競争に勝って人の優位に立ち、自分がいかに優秀かを証明し続けるなんていうことは、誰にもできません。自分よりも「できる」人が現れることは必至で、そうなれば自己肯定感はあっけなく崩れ去ります。そうではなくて、どんな自分でもいいんだという、ゆるぎない自己肯定感を持たせてあげるには、「結果」よりも「行動」に意識を向け、そのプロセスを褒めてあげるといいんですね。

人より優位に感じることで何もいいことは起こりません。他人ではなく、以前のその子と比較して、成長したところを見つけましょう。「どんなところを工夫したの?」と聞いてあげれば、他人との比較から、自分の行動プロセスを検証することに思考が切り替わります。そして、「ここらへんをとくに工夫したんだよね」というように、がんばった点を子どもも自身も具体的に認識することができます。

具体的な言葉を引き出して、その子自身の成長を褒めよう。

⑥「ママ、今日ね！」と嬉しい出来事を話してきたら

「ママ、今日ね、国語の授業で書いた俳句を褒められたんだ。言葉使いが面白くて、何を言いたいか伝わってきて、とってもいい句だって」

「今日ね、転校生が来たのね。僕が笑わせたら、先生が○○くんありがとうねって言ってくれた」

　と子どもが嬉しい出来事をママに一番に報告してくれたなら、

「次はもっといい句を期待されちゃうね」

「よかったね。ところで今日の宿題ってもうすんだの？」

　なんて言うのはNGです。

　自己効力感をアップする、こんな言葉に変えていきましょう。

「へえ〜！　よかったね！　どんな句を作ったのか教えて」

「笑わせて転校生の子の緊張をほぐしてあげたの？　先生に褒められたとき、どんな気持ちだった？」

いいニュースを一緒に喜ぶと信頼される

子どもが「今日ね、こんな嬉しいことがあったんだよ」と報告してくれたときは、まず一緒に喜びましょう！　その嬉しいことがやっぱり嬉しいことであったという感覚は、またやってみたいという気持ちに繋がります。なにより、「ママは私のことを愛してくれている」と子どもは実感することができ、親子の関係性が強まります。

親は、子どもがいじめられたり悲しい目にあったりしたときには、何でも相談してほしいと思うものですよね。そうなるには、日頃から子どものいいニュースに関心を持ち、一緒に喜んでいることが大切です。

人は、いいニュースを一緒に喜んでくれる人を信頼します。そして、困ったとき、つらいときにも話がしやすくなるんですね。その人との関係が安全な場所になるからです。どんなふうに子どもの話を聞くかという点も重要です。

ポイントは、「一緒に喜ぶこと」「関心を持つこと」の2つです。

一緒に喜んでいることを見せるときは、「わぁ!」「うれしい!」という言葉に、ハイタッチや抱きしめる、ママも跳ねて喜ぶなどボディランゲージもぜひつけてみてください。

「関心を持つ」を示すのは聞き方が大切です。料理や掃除をしながら背中で聞くというのはダメですよ。子どもが話をしだしたら、できるときでいいので、ママは手を止めて、体が少し前に傾くくらいの姿勢で、子どもと向かい合って話を聞きましょう。

そして、「すごいね」「よかったね」で終わらせずに、

「俳句のどこがいいって言われたの?」

「転校生は何をそんなに笑ってくれたの？」

「そのとき、どんな気持ちだった？」

とプロセスや相手の気持ちに関心を持って聞いてあげるといいですね。会話を膨らませる質問をたくさんして、喜びを一緒に味わいましょう。

「あなたが嬉しいと、ママも嬉しいんだよ」と体全体で表現しましょう。またやってみよう！　と自己効力感がアップするのも間違いなしです。

「いいニュースを報告してくれる」――こんないい機会をうまく使わない手はありません。

「ねえ聞いて」と言うまで待たないで、「今日よかったことは？」とママから聞いてみてください。


嬉しいニュースは子どもと一緒にとことん喜ぼう。

⑦成功したときこそ「理由」を追究しよう

「私、二重跳びができるようになったよ！」

２カ月間ずっとなわとびの練習をしていた娘さんが、ついに二重跳びができるようになったと、嬉しそうに報告してくれたとしましょう。そのとき、

「次は何回、連続して飛べるかだね」

「よかったね。ところで、明日のピアノ教室の時間なんだけど」

ママがこんなふうに応えるのはＮＧです。自己効力感をアップする、こんな言葉に変えていきましょう。

「すごいね！　何をきっかけに跳べるようになったの？」

「ずっと練習していたもんね！　どうしたらできるようになったの？」

自分の「強み」に気づかせてあげよう

まずは「嬉しいね」「よかったね」と一緒に喜んであげてください。それから、「そのとき のこと詳しく教えて」と、成功した秘訣を聞いていきます。成功したときにこそ、「どう してうまくできたのかな」と問いかけてあげるといいのです。


「なんでそんないいことがあったのだと思う?」

「あなたはそのとき、何をしたの?」

原因を追究してあげると、子どもは自分の強みを発見することができます。


「僕って、こういうことが得意なんだ」

自分には強みがある、と思えることで、次もがんばれるようになるんですね。これこそ、自己効力感が高まるということです。

うちの息子の場合は、野球のバットを思い切り振ることが怖いらしくて、三振が多かったのですが、初めてホームランを打てたとき、私はホームランという結果を褒めるよりも、「どうして打てたんだと思う？」「打てたとき、どう感じた？」と聞きました。

すると息子は、「今日は途中で止めないで、勇気を出して最後まで振り切ったんだよ」と答えたのです。成功した理由を聞いてあげることで、彼自身が「僕には勇気があるんだ」と気づくことができたんですね。

失敗した原因よりも、成功した理由のほうが大事。

⑧先生に能力や結果だけを褒められたら

家では一生懸命プロセスを褒めているのに、子どもの習い事の先生やスポーツチームのコーチなどの他人から、「あなたのお子さんは、実によくできる。天才です」と褒められることってありませんか？

「いえいえ、全くそんなことはないんですよ。家ではひどいんです」

と謙遜するのはＮＧです。子どもは結構聞いています。

「ありがとうございます」とまずはありがたく受けとって、具体的にプロセスを聞いてみてください。

「どこらへんでそう思われましたか？」

というように質問してみるといいですね。

具体的に聞き出して、プロセスの話にしよう

コーチや先生にどこを見て褒めてくださっているのか、聞いてみると、

「ボールをあきらめずに最後まで追いかけるんですよ」

「朝早く、時間通りに来るんですよ」

と具体的な答えが返ってきます。


お子さんに伝えるときにはこの具体的な部分を伝えてあげてください。

「コーチが天才だって言ってたわよ」と言うのではなく、「コーチがあなたのこと、あきらめずにボールをよく追いかけるって言ってたよ」と、プロセスフォーカスで伝えるといいですね。

優劣をつけない褒め方が、子どもの健全な自己肯定感を育みます。
「これからもいろいろチャレンジしていこう！」という自己効力感を強化することにもつながります。

ほかの人からの漠然とした褒め言葉は、具体的にして子どもに渡そう。

自己効力感を育てる声かけ ②

失敗したとき

　自己効力感が自然とアップしそうな、成功したときも、うまくいったときも、褒め方に気をつける必要があることを紹介しました。もっと難しく感じるのは、子どもが失敗したときや、できなかったときではないでしょうか？

「褒め方」に気をとられすぎていると、失敗したときにかけてあげる言葉が見つからないかもしれません。でも、大切なのは「プロセス」にフォーカスすることで、実は、成功したときとそんなに変わらないのです。

⑨ネガティブな感情をそのまま認めよう

失敗したときは、一番落ち込んでいるのは本人です。なのでまずは、その辛い気持ちを
そのまま認めてあげましょう。

「あなたは本当にダメね」と追い討ちをかけたり、
「そんなこと大丈夫よ、あなたは賢いから」
と辛い気持ちをけちらさないで、

「失敗して辛かったね」とまずは共感してあげましょう。

辛い気持ちが認められると自然と切り替えられる

元プロゴルファーの宮里藍さんが試合に負けて、父親に電話してきたところを見たという話を聞いたことがあります。藍ちゃんは、「悔しかった」「本当になんであんなことになっちゃったんだろう」とはじめは辛さを話していました。

それに対して、お父さんは「そうか、悔しかったか」「そうか、辛かったか」とただただその気持ちに共感しているだけだったのです。

そのうち、電話の向こうの藍ちゃんが「あ、でも次はこうしたらうまくいくな」「こうしたらいいんだ！」「わかった！」「じゃあね！」と言って電話を切ったのだそう。

日頃、親は子どもがネガティブな気持ちを表現すると、かわいそうに思って、その気持ちを否定してけちらそうとします。人は本来「わかってほしい」生き物なので、否定されればされるほど、「だから悔しいんだってば！」「悲しいって言ってるの！」とその気持ちを強くするのです。ネガティブな気持ちは、否定されると膨らみ、認められるとしぼむ、ということを理解してください。

同じ気持ちになっていないのに共感なんてできない、と思われるかもしれませんが、同じ気持ちにはならなくて大丈夫です。同じ気持ちになることは「同感」であって、「共感」ではないんですね。

たとえば、お友達から「パートナーが、家事を全くしてくれない」と聞いたとき、「何それ、信じられない！」と一緒になってプンプンと怒るのは、同感。

共感は「相手がそう思っていることを認めること」。

相手と同じ気持ちにならなくていいんです。相手の気持ちを尊重することなんですね。この場合だったら、「パートナーが家事を全くしてくれなくて怒っているんだね」。その人が今何を感じているのか理解しようとして、それを認めることです。

共感するだけで、子どもは勝手に次に向かって何かやってみようと切り替えることもたくさんあります。そうでないときは、それはあなただけではないと伝えたり、どうなったらいいと思っている？　そのために何ができる？　と理想の未来の話をしましょう。次項以降にご紹介している事例を参考にしてみてください。

辛い気持ちは共感で溶かされて、自然と前を向いていけるようになる。

⑩東大に入っても勉強が進まないと悩んでいたら？

あなたのお子さんが東大に入ったと仮定しましょう。入学後、いろいろうまくいかないと悩んでいたら、どんなふうに声をかけますか？

「東大に入れるくらい優秀なんだから大丈夫。できるよ」

これはＮＧワードです。自己効力感をアップする、こんな言葉に変えていきましょう。

「誰にでもそういうときはある」

「ママ（パパ）だって学生のとき、そうだったよ」

このようなシチエーションでは、親は子どもに自信を持たせたいと思い、「東大に入れるくらい優秀なんだから大丈夫。できるよ」と言いがちです。

でもね、「あなたは賢いからできる」と励ますのは逆効果。

「失敗できない」というプレッシャーを与えるだけなのです。失敗して期待を裏切る結果となるのが怖くて、チャレンジすることができなくなってしまうんですね。

人間は完璧でないのですから、誰だってそのようなことは必ず経験します。まずは、「うまくいかなくて辛いね」と共感し、その気持ちをそのまま認めてあげたあと、「あなただけでない」というメッセージを送ってあげましょう。

「できるよ」より「できないときもあるよね」

カリフォルニア大学バークレー校という非常に優秀な大学で、こんな研究がなされました。

ある難しいテストで悪い点をとった学生たちを2つのグループに分け、1グループには「あなたはバークレーに入れたんだから大丈夫」、もう1つのグループには「あなただけじゃないよ。人間誰だって、できないときがあるものだよね」と伝えました。

その後、次のテストのために学生たちがどれだけ勉強するようになったかに着目した研究です。「人は完璧じゃない」と伝えられた学生のほうが、より勉強に励む傾向にあった、とされています。もちろん、成績も向上しました。

私は「あなたは特別」と言って、子どもに自分は特別だという気持ちにさせないように気を付けています。それは、その言葉が比較や評価を意味し、自己効力感を阻害してしまうものだからです。

その人が特別だというのなら、この世に存在する人全てが特別なのです。人はそれぞれユニークであって、特別ではないんですね。

人間誰だってできないこともある、と伝えよう。

⑪子どもがコップを倒しても失敗を叱らないで

結構早い時期から、子どもは何でも自分でやってみたがります。けれどもママのほうは、ご飯のしたくにばたばたしているときなど、子どもの「やりたい」につきあってあげる余裕がなかったりします。

たとえば、子どもがお水の入ったコップをテーブルまで運ぼうとしているのを見て、危なっかしい手つきにハラハラ……あっ、やっぱりこぼした！

「できないんだから、やらなくていいの」
「忙しいんだから、手間かけさせないで」
と言うのはNGです。自己効力感をアップする、こんな言葉に変えていきましょう。

「こぼれちゃったね。ママは今ご飯を作っているから、自分で拭いてくれると嬉しいな」

親に批判されると、子どもはやる気をなくす

ママたちにまず気をつけてほしいのは、子どもを「批判」するような暴力的な言葉を使わない、ということです。

例に出した「やらなくていい」「手間かけさせないで」がなぜNGかといえば、子どもが自分でコップを運ぼうとする行動そのもの、つまり子どもの意欲や感情を否定する言葉だからです。

親からの批判は子どもの自己肯定感を傷つける一番大きなものです。親に批判された子は、「手伝いたい」というやる気が一気にそがれ、「自分はダメな子だ、できない子だ」と感じ、もう二度としようとしなくなるかもしれません。「失敗はダメなこと」と思うように

なってしまうことが問題です。

子どもが何かお手伝いをしたがるときは、自己効力感を高める絶好のチャンスです。そこには失敗がつきものです。

子どもが水をこぼしたときなどは、子ども自身が失敗したことを十分わかっているので、追い討ちをかけるような批判は控えましょう。子どもを怒ってもママの気持ちがおさまることってありませんよね。

そんなときには、「あなたが○○してくれると、ママは嬉しいな」と伝えましょう。

子どもにどうしてほしいか、「私」文で伝えると、子どもは何をしていいかがわかり、やってみようと思えます。

「お水がこぼれたままだと濡れちゃうから、拭いてくれたら、とっても助かるな」

こう言われれば、子どもも事態の解決方法がわかり、気持ちが落ち着きます。

ママのほうでも、「あなたがこうしてくれると、ママの気持ちはポジティブな方向に向かうんだ」と自分の希望をリクエストできるので、気持ちが落ち着きますね。そしてママも子どもも「I'm OK」な気持ちになれるという、いい展開が望めます。

子どもが何か失敗をしても責めるのではなく、「(あなたが)○○してくれると、(ママは)嬉しいな、助かるな」と伝える。これは「非暴力コミュニケーション」という高度なスキルです。

批判しないで、リクエストをしよう。

⑫テストで悪い点を取ってきたら？

子どもがテストで悪い点を取ってしまうと、とても心配になりますよね。このままついていけるのだろうか、私の子育てが何か間違っていたのだろうかと感じることもあるかもしれません。


「え、何この点数。信じられない」

「なんで１００点取れなかったの？」

「ほんとにバカなんだから」

こうした言葉はもちろんＮＧワードです。自己効力感をアップする、こんな言葉に変えていきましょう。

「40点取って、どんな気持ちだった？」

「わかったところはどんなところで、わからなかったところはどんなところ？」

「次は何点ぐらい取りたいの？」

「そのために何ができるかな？」

「ママに何か手伝えることはあるかな？」

過去の話より未来の話をしよう

失敗したときには「なんで？」と聞きたくなりますが、あまり効果はありません。聞かれたほうは、責められた気持ちになりますし、失敗したのですから、原因が見つかったとしてもそれが本当なのかわかりません。原因の追究は、うまくいったことのほうにしましょう。40点取れたところは、なぜわかったかは聞いてもいいですね。

次の３つのポイントを意識して声をかけましょう。

1 事柄より、本人の気持ちに注目する
2 能力の問題ではなく、行動やプロセスの問題にする
3 問題の原因（過去）の話より、理想の未来とそこへ行く方法の話をする

気持ちを聞いてみるのは大切です。平均点が60点のすごく難しいテストで、本人は40点でも、結構満足しているかもしれません。逆に、勉強していなかったとすごく後悔しているのかもしれない。すごく勉強したのに点数が取れなくて、びっくりしているのかもしれない。その子の気持ちをよく理解することで、これからの方向性が変わってきますね。

大切なのは、叱ったり罰を与えたりしないことです。叱られるのが怖いと感じると、のび太のように悪いテストを隠すようになるかもしれません。すると、何に困っているのか、これからどうしたらいいのかすら考えられなくなってしまいます。失敗して一番困っているのはその子自身なので、一緒に考えていく応援団になってあげましょう。

そして、能力や性格の問題にしないことも大切です。あなたは頭が悪いから、数学が苦手だから、だらしがないからなどと、脳力や性格の問題にしたところで、すぐに変えられるものではないので、希望を失い、無力感が増幅してしまいます。それよりも、勉強時間が十分に取れなかった、ある公式がわかっていなかった、と行動の問題にしたほうが、次はそれを変えればいいんだという希望が持てますよ。

最後に、「なんで100点取れなかったの!」と過去の原因を探るのではなく、「何点くらい取れたらいいかな?」と子どもの理想の状態を聞いてみましょう。そして、そのために何ができるかを一緒に考えると、次へのステップが見えてきて、「やってみよう!」と思えるようになります。また、状況によっては、親にできることはあるかと聞いて、協力する姿勢を見せると安心するかもしれませんね。

失敗の原因は追求しない。未来を変える行動は何か話し合おう。

⑬思うようにいかなくて苦しんでいたら？

お子さんが、「休み時間に友達と何して遊ぶかいつも決まらなくて、とっても困っているんだ」と話してきたとき、

「そんなことたいした問題じゃないでしょ」

「あなたがしっかりしないからよ、次はあなたが決めちゃえばいいわよ」

こんな答えはＮＧです。自己効力感をアップする、こんな言葉に変えていきましょう。

「どうなったらいいと思っているの？」

「そのために何ができると思う？」

と理想の未来と、そこへいく方法について聞いてあげましょう。

「理想の未来」に思考を飛ばそう

息子が昼休みに遊ぶのはいつもの5人組。一人はバスケットがしたい、一人は鬼ごっこがしたい、一人はサッカーがしたい、というようにみんな意見がバラバラです。「じゃあ、まずはバスケットをして、そのあと鬼ごっこをしよう。サッカーは明日にすればいいよね」と提案をしても聞いてもらえず、息子はモヤモヤが募る一方。

そんな話を聞いたときには、理想の未来クエスチョンがぴったりです。

「そうか、決まらなくて困っているんだね」と気持ちに共感したあとで、「ところで、どうなったらいいと思っているの?」と聞きました。

「遊びが決まって、休み時間はちゃんと遊びたい」と言う息子に、「そのために何ができるかな?」と私。

「わからない。みんなが僕の提案を聞いてくれれば楽しく遊べるのに」

「みんな」ではなく「自分」が何ができるか、息子の口から出てくればベストでしたが、この質問は答えを出すことが目的ではありません。聞くことに意味があるのです。

質問されたことで、息子は「理想の未来」に思考を飛ばし、問題の原因や悪者探しから抜け出すことができたのです。

話してみたものの、私ができることは出てこなかったので、「今どうしたらいいかはわからないけど、次うまく決まることがあったら教えてね」と伝えました。

こんなときは、「うまくいかなかったとき」ではなく、「うまくいったとき」を観察してきてもらうのが効果的です。

翌日学校から戻ってきた息子は、玄関からダッシュで駆け寄ってきて、「今日は休み時間に遊びが決まったんだよ！」というので、正直びっくり。

効果は思いのほか、早く訪れるものです。

理想の状態を聞いてあげるだけで、子どもは自分で解決していく。

⑭「僕、計算が遅くてできない」と自信がなさそうなとき

「ママ、計算ドリルの答案用紙が返ってきたの。間違えたところがいっぱいあるから、家で勉強し直しなさいって、先生に言われた」

「僕、みんなよりも計算が遅いみたい」

「算数、ぜんぜんできない」

と子どもが顔を曇らせていたら、ママはどう言ってあげればよいでしょう。


「今まで何の努力もしてこなかったんだから、当然そういう結果になるよね」

「算数さぼっていたからよ」

「まわりの子はそれだけ努力してるんだよ」

「あなたは真剣にやってなかったでしょ」

「やる気がないんでしょ」

なんて言ってしまうのは明らかにNGですね。自己効力感をアップする、こんな言葉に変えていきましょう。


「大丈夫だよ。やればやるだけうまくなるよ」

「練習時間を増やせば必ずできるようになる。ママも手伝うよ」

「やればできるようになる」と教えてあげよう

ママが、「能力」についてどう考えているかにより、子どもへの声かけが大きく変わります。

「能力は生まれつきのものだ」と思っていれば、「この子は理数系に弱い」「生まれつき計算が苦手な子だ」という発想になりますよね。でも、「能力は伸ばすことができる」と思っていれば、「大丈夫だよ」「やればできるようになる」と言ってあげられます。

うちの長男は5歳からニューヨークで育ったため、母国語でない日本語の音読が上手にできず、やる気をなくして投げ出してしまうことがたびたびありました。その都度、母親の私が追いまわして机の前に座らせていたのです。

しかし「能力や才能は努力によって伸ばせる」と私自身が学んでからは、「大丈夫だよ。今は読めなくても、練習すればうまくなるよ」と言ってやれるようになりました。すると息子は、日本語の本をまた読み出したのです。言葉がけがいかに子どものやる気を引き出すかを実感した瞬間です。

いつ始めても、努力すればするほど能力を伸ばせる、と肯定的にとらえましょう。そのことを子どもに伝える際のポイントを挙げておきます。

・「努力していなかった」と過去を責めるのではなく、「今までは練習時間が足りなかった。これから増やせばいいね」と未来志向の言葉をかける。
・「怠けてたからでしょ」と性格の問題にしない。

・「ママにできることがあれば手伝うよ」と、いつでもサポートする準備ができていることを伝える。

練習するほどできるようになっていくよ、と伝えよう。

問題行動があるとき

子どもが何度言っても言うことを聞かないとき、落ち着きがないとき、お友達を叩いたり、暴言を吐くとき、親は困ってしまいますよね。

言って聞いてくれればいいけれど、言っても聞かない、罰を与えて怒鳴っても、まだできない。それどころか前よりひどくなる始末。もう手は尽くした。うちの子は本当にダメだ、私は親としてダメなんだ、というときの声かけ。何かのヒントが得られると思います。

⑮この子、集中力がないなと思うとき

子どもが落ち着きがなくて、なかなか集中できないときは、

「あなたはなんでいつものそうなの！」

「何度言ってもわからないの！」

「落ち着きがない！」

と言い続けてしまうことがあります。これはNGワードです。自己効力感をアップする、こんな言葉に変えていきましょう。


「あ、今集中できていたね！」

「ブロックをするときはすごい集中力だから、きっと勉強でもできると思うよ」

10秒でもいいので、集中できているときを見つけて褒める。集中できている事柄を思い

出させる、そんな言葉をかけましょう。

1%の集中力を見つけてあげよう

実際、一日中落ち着きがなく、集中力がないと思える子でも、よく観察すると、少しは集中できているときがあるものです。それは、宿題をしている「10分間」の集中かもしれないし、好きなことをしているときかもしれません。

人の「心理」には、「感情」「思考」「行動」の3つの要素があり、この3つを絶えず一致させていこうという性質があります。つまり、人が何を考えているかの「思考」は「行動」に直接影響するのです。「僕は集中できない子なんだ」と思えば、自分で自分を集中できない子にしてしまいます。ですから、子どもの思考にダイレクトに伝わる親の声かけは、とても重要なのです。

そこで、「わ、今集中できていたね！」と親が1%に気がついてフィードバックしたらどうでしょう。

親の声かけが、

「僕集中できる子なんだ」

「集中力があったんだ」

というセルフイメージに変わり、本当に集中できる子になるのです。

はじめは1％しかなかった集中力。ポジティブなセルフイメージによって、その1％が5％になり、10％になり、やがていつもできるようになっていきます。

この話を聞いてくださったかおりさんは、幼稚園年長の娘さんの1％に注目しようと思ったそうです。

それまでは、スイミングを習っていても、水が怖くて顔を水につけることすらできず、一向に上達しない娘さんにイライラしていたかおりさん。「なんでできないの！」とできないことばかり責めていました。

しかし1%を見つけようと、じっと見ていたら、一瞬水に顔をつけられたのを発見。その日は終わってから、
「一瞬だけど、顔を水につけていたね。ママ見ていたよ。勇気があるね」
と声をかけました。45分間のレッスンほぼ水につけられていなくても、ちょっとでもできているところに注目したわけです。

すると何と、次の週からも顔を水につけられるようになって、あっという間に泳げるようになったとか。スイミングの先生にも、何があったんですかと聞かれたそうです。

娘さんのセルフイメージが「私は水に顔をつけられないダメな子だ」から、「私は怖いけど挑戦できる勇気のある子だ」に変わったからできたのですね。

「できる」と思っていると挑戦しがんばるので、「できる」可能性が高まります。自分が考えていること（予言）は、結局その通りになる（成就）するんですね。心理学では自己成

就的予言と言われる現象です。親は子どものよいセルフイメージを育てる声かけをしていきたいものです。

99％できなくても、1％のよいところを伝えよう。

⑯子どものダメなところしか目につかない場合は？

子どものやることなすこと、ダメな点ばかりが目についてしまい、ママは注意の連続。次第にカッカしてきて怒る、怒鳴るとエスカレートしていき、さすがに疲れてきた……それでも今日も言ってしまうこんな一言。


「またおもちゃが片付いていない。同じこと何回言わせるの！」

「本当にだらしがないわね!!」

「ママを怒らせるためにわざとしているの！」

こんな言葉はＮＧです。自己効力感アップさせる、こんな言葉を使いましょう。


「最近、靴をしまえるようになってきたね」

「最近、片付けが上手になってきたね。おもちゃも片付けてね。ありがとう」

短所も長所も、ちゃんと見てあげよう

欠点ばかりが目につく。それを心理学では「ネガティビティバイアス」と呼び、決して異常なことではなく当然のことだと解釈しています。

人間の脳の働きの1つに、悪いところに目を向けて、危機的状況を回避することがあります。人類共通の、生き延びる知恵ですね。そしてこれは、生まれつき誰もが持っている脳の傾向です。

とくに親は、我が子への愛情から、ダメなところを積極的に見つけて直してあげたい思ってしまうもの。ですから、「この子、これもできない、あれもできない」と見えてしまったら、それはまず親として当然のことだと受け止めましょう。

ネガティブな点ばかり見てしまうダメなママ、と自分を責めないでくださいね。そうなってしまうのも愛があるからこそ、なのですから。

それに、欠点だらけに思える子も、よく見ると実は長所もたくさんあるのです。見え方を変えていくには、「この子にも、いいところがあるはず」「何か強みがあるはず」と思って見ていくことです。必ず、お子さんのいいところが見えてきます。

親がネガティブな点にばかり目を奪われていると、子どもは自信を持てません。「自分は何をやってもダメなんだ」と考えるようになっていきます。思考は行動に強く影響するので、あきらめてチャレンジすることやがんばることをしなくなります。

子どもの自己効力感を育み、自信を持って生きられるようにするには、ママが子どもの「強みスイッチ」をオンにしてあげることが大切です。ママが先に強みを見つけて、「あなたにはこんないいところがある」と教えてあげてください。

「以前と比べて、ちゃんとできるようになってきているね。ママはそう思ってるよ」って伝えてあげましょう。そして、「その強みを使えば、目の前の課題を乗り越えられるよ」と伝えてあげるのです。

それでもつい、「あ〜、またダメなとこばかり見てる〜」と自分を責めたくなるときがあるんですよね。私もそうです。

そんなとき私は、とにかくまず深呼吸をします。これが私にとって、強みスイッチオンの合図なんです。自分で自分に合図を送り、脳内モードをちょっと変えてみるわけです。すると本当に、目につくものが違ってきます。ため息をつきたくなったら、意識的に深呼吸をしてみる。これ、おすすめの方法です。

弱みしか見えなくなったら、強みスイッチを押そう。

⑰「〇〇しないで」ばかり言ってしまう

お友達を叩いた小さい子どもに、

「叩いちゃダメ」

図書館でうるさい子どもに、

「しゃべらないの！」

公共の場で走ってしまう子どもに、

「走らない！」

と言っていませんか？　これはNGワードです。自己効力感がアップする、こんな声かけをしましょう。


「貸してって言ってみよう」

「お口はチャック、静かにできるかな？」「歩こうか。手をつなごうね」

「しないで」はその行動を助長させる

息子は小さかった頃は体が弱くて、しょっちゅう病院に行っていました。病気なのに病院へ行って他の病気をもらってこないか心配していました。そんなある日、皮膚科で息子と子ども用のカーペットを敷いた場所で診察の順番を待っていたときのことです。床に染みがありました。

ただの水？　でも、もしかしたら、誰かのおしっこかも……

「触らないでね」と言った瞬間、息子はその言葉に触発されたかのように、染みの部分を触りました。「触らないでって言ったじゃない！」と怒り心頭の私は、ついその手を「ぱちん！」と叩いてしまいました。息子はびっくり。手を洗いに連れて行く間も、何度も怒っていました。今思えば、可哀想なことをしたなと思います。

脳には右脳と左脳があり、左脳は文字情報を一字一句理解し、右脳はイメージをインプットすることはよく知られています。そして、子どもの脳は右脳が発達しているのです。

右脳には否定形が理解できないという特徴があります。

子どもに「触らないで」と声をかけると、否定を理解できない右脳は「触る」の部分だけを受け取ります。そして、「触る」はイメージ化される。イメージは体への影響も早く起こるため、行動へと直結。

ママが一生懸命禁止しようとしてかけていた言葉、実は行動を促進していたということなんですね。

触らないでと言われてつい体が動いて触っちゃう、叩かないと言われて叩いちゃう、走らないでと言われて走っちゃう、そしてまた叱られるを繰り返していくと、自己肯定感はボロボロになってしまいます。

「○○しないで」と言いたくなったら、それをしない代わりに何をしてほしいのかを伝えてみましょう。

否定文でなく肯定文で話そう。

⑱「いい加減にして！」と連呼しても、子どもには通じない

朝の支度で忙しい中、子どもはいつまでもパジャマ姿で寝っ転がっている、ようやく起き出してもテレビに夢中でごはんを食べようとしない。そこに始まる兄弟喧嘩。ママは自分の準備もあるのに何も進まない。ついに堪忍袋の緒が切れ、ママは毎日叫んでしまう。

「もう、いい加減にして！」
「ぐずぐずしないで！」
「ちゃんとして！」

でもこれ、ＮＧワードです。自己効力感をアップする、こんな言葉に変えていきましょう。

「服に着替えよう」「ごはんを食べよう」「仲良くしよう」

子どもが理解しやすい言い方をしよう

「いい加減にして！」と言いたくなる気持ち、よくわかります。つい口から出ちゃうんですよね。とくに朝は、家族の一日をスタートさせなきゃと、ママがひとりがんばっているので、きつい口調になってしまうこともありますよね。

でも、「いい加減にして！」「ぐずぐずしないで」「ちゃんとしなさい」「しっかりして」、実はこうした曖昧な言葉は子どもに全く伝わっていません。

ママのイライラ爆発を防ぐには、ママはこうしてほしいと思っていることが子どもたちにちゃんと伝わる必要があります。

抽象的な思考は12歳頃に完成すると言われています。少なくとも9歳、10歳くらいまでは、具体的な言葉しか通じないかもしれないと考えて、「ごはんを食べて」「靴を履いて」と、具体的に言ってあげましょう。

そうでないと、子どもたちはママが何を言っているのか理解できません。脳の発達段階に合わせた声かけをする必要があるのです。


「いい加減にして！」

「ぐずぐずしないで」

「ちゃんとしなさい」

「しっかりして」

と連呼してしまうのは、その言葉が通じていないということ。


そういうときは、「私、子どもに通じない言葉をしゃべってるのかも？」と自分を省みてください。そして、曖昧な言葉の裏にある自分の欲求を具体的な言葉にして、そのまま口にしてみてください。ママの思いが子どもたちに伝わっていきますよ。

子どもは右脳のほうが発達していますから、してほしいことをイメージで伝えたり絵に書いて貼ったりすることもおすすめです。「お姫様みたいに食べよう」「忍者みたいに静かにしよう」とか、朝やることを絵に書いて貼り出すとか、とても効果がありますよ。

抽象的な言葉ではなく、具体的な言葉をかけよう。こうしてほしいと思うことを伝えればいいい。

⑲負けず嫌いが激しい子への対処法

家族で楽しい時間を過ごしたくてゲーム始めたとしましょう。こういう場合、勝ち負けは二の次ですよね。しかし、負けず嫌いの子がいて、自分が負けたとたんに癇癪を起こす。家族は手を焼き、気分もげんなりしてしまうでしょう。そんなとき、

「ゲームに負けたくらいでそんな態度、信じられない！」

「そんなに怒る子は、ママ嫌いよ！」

と言うのはNGです。自己効力感をアップする、こんな言葉に変えていきましょう。


「負けるのは、やだよね。ママもそういうときがあったよ。でも負けることもあるんだよね」

「負けも受け入れられると、もっと楽しくなるよ。そういう練習していこうね」

負けを受け入れて、ゆっくり成長していく

親が子の能力ばかりを褒めていると、「できない自分は愛されない」というマインドセットになってしまうことがあります。そのため、負けることを受け入れられなくなってしまうこともあります。

普段から、能力を褒めるのではなく、できるようになったプロセスを褒める、というように転換をはかる必要があります。

一方で、個人差はありますが、7歳頃までの子どもの脳は「自分中心的」という特徴があり、負けをうまく受け入れられません。我が家でも、子どもたちがこの年齢の頃は、遊びのゲームであっても負けると泣き叫ぶことがありました。

子どもがまだ小さかったら、負けて怒ったり、ふてくされたりするのを注意したり、ど

うにか変えさせようとしなくてＯＫです。そういう成長段階にいるのだと思ってください。自分の視点と自分以外の人の視点の両方を持てるようになるのは7〜9歳、と言われています。

うまく負けられるようになるまでは、「負ける練習をしていこうね」と、ママが理解を示してあげてください。

よくないのは、負けて悔しがることをその子の性格・人格の問題であるかのように非難することです。

今は負けることを受け止められなくても、そのうちちゃんとできるようになっていきます。他を受け入れる発達はゆっくりとなされていくものなので、小さいうちから負けを受け入れなさい、人を受け入れなさい、としなくていいんです。

「負けて叫んだりしたら、ゲームはやめにしようね」
「負けるたびに誰かが騒ぎだしたら、ゲームを楽しく続けられないものね」

と最初に伝えておくのも、1つの方法ですね。それでも負けず嫌いが激しい子には、

「負けたからといって、あなたの人格が否定されたわけじゃないよ」
「負けるから、もっとうまくなっていくんだよ」

と言い聞かせ、しなやかな心を育むようにしてあげましょう。

ほかにも、お友達におもちゃを貸してあげないとか、お菓子を独り占めするとか、親としては、この子将来大丈夫かしら、人と仲良くなれないんじゃないかしらと心配になって怒ってしまいたくなるかもしれません。でも大丈夫。成長の途中なのです。

我慢をする能力の発達は遅く、大人と同じくらいまで完成するのは24歳頃といわれています。

うちでは、お友達が遊びに来る前に、貸してあげたくないおもちゃは最初からしまっておいた時期もあります。成長段階で無理なことをさせると、親は叱ることが増えて、子どもの自己効力感はダウンします。もっとこうしようねと、繰り返し冷静に伝えていくことは大切ですが、すぐにできないかもしれないと覚悟して、成長段階を意識してゆっくり構えましょう。

負けず嫌いや自己中心的な考え方は成長のプロセス、と理解しよう。

⑳子どもが友達を叩いてしまった！さあどうする？

ママが保育園へお迎えに行ったちょうどそのとき、娘がお友達を叩いているところを目撃してしまった。思わず駆け寄り、大声で叱り飛ばしてしまった。

「なに叩いてるの！」

「叩いちゃだめでしょ！」

よくあることですが、この叱り方はNGです。自己効力感をアップする、こんな言葉に変えていきましょう。


「○○ちゃんはなんで叩いちゃったのかな？」

「そのとき、どんな気持ちだったんだろう？」

「次はどうしようか？」

気持ちに共感を示してから、「でもね」と続ける

「行動」というものは目に見えるので、私たちはそのことにまず目を奪われ、意識を奪われます。子どもがお友達を叩いてしまったときも、「叩いた」という行動だけが前面に見えるので、ついカッとなって「なに叩いてるの！」と大声を出してしまうのです。

でも本当に大切なのは、気持ちに注目してあげること。ママはできるだけ冷静を保ち、その子の行動と感情を切り離して考えるようにしましょう。まずは、その子が叩いたときの気持ちを聞いてあげてください。すると、

「おもちゃ取られたの」
「イヤなこと言われたの」

など、必ず何かしら理由があるんですね。

「そっか、おもちゃ取られてイヤだったんだね」

「イヤなこと言われて腹が立ったんだね」

と気持ちに共感して、それから「でもね」と続けましょう。


「でもね、叩くのはダメだよ」

「叩いたら痛いよね」

「叩いてもあっちは何が悪かったかわからないよね」

など、なぜその行動がダメなのか、「理由を説明する」ことがとても大切です。


子どもは、ママに自分の気持ちを認めてもらうと、その後に続く言葉を受け入れやすくなります。


「嫌だった」

「すっごく頭にきた」

「くやしかった」

など、どんな気持ちも受け入れて、共感を示してあげましょう。そうやって子どもの心を落ち着かせ、態勢を整えさせましょう。そのうえで、「でも、してはいけないことがあるよ。その理由はこうだよ」と伝えましょう。

「あなたのことは大好きだけど、叩く行動は好きじゃない」と、人格と行動を分けたメッセージを伝えることで、人格の問題なら変えられないけど、行動の問題ならこれから変えていくことができると、子どもも希望がもてます。

感情と行動を切り離して考え、冷静に対応しよう。

㉑「寝つきが悪すぎ」て、なすすべがない

子どもの寝つきがどうにも悪い。親だってやることがいっぱいで、子どもが寝てからやることもいっぱいあるのに！　そんなとき、

「本当に、何度言ったらわかるの！」

「ママだって忙しいのに」

「いい加減にして！」


というのはNGです。何をしてもダメなとき、こんなふうに言ってみませんか？


「あれ、寝ない虫がきちゃったんだね」

「寝ない虫ってどんな虫？　ママがわかるように書いてみて」

「この寝ない虫って、どんなときに来て、どんなときにいなくなるのかな?」

「一緒に退治しちゃおうか?」

できないときは〝虫〟のせいにしてしまう

これは実際私が試してみたことです。川の字で寝ていたときはすんなりと寝た子どもたちが、子ども部屋の2段ベッドで寝るようになり、寝付けなくなりました。

2段ベッドの横に座って、右手を息子、左手を娘とつないで、子守唄を歌ったり、ひとりずつトントンしたり。こんな努力をしているのに、とにかく全然寝ない。1時間もかかるともう爆発して、「いい加減にしなさい」と部屋を出ていくということが続いていました。

そんなとき、「問題の外在化」という技法を思い出しました。家族心理学の中で使われるもので、問題にニックネームをつけて、それをその子の中から外に出してしまう方法です。

さっそく取り入れることに。年中の娘と年長の息子とテーブルを囲んで座って、目をしっかり見て話しました。

「ねえねえ、夜になると、寝ない虫が来るみたいだね。あなたたちが寝られないのは、ふたりのせいじゃなかったんだよ。寝ない虫のせいだったんだ」

そう話すと、子どもたちの目が輝きました。これまでずっと責められて、寝付けない自分は悪い子だと思っていたのです。私が言葉を変えたことで、「自分のせいじゃなかったんだ」と思えたようです。

そこから、その寝ない虫の絵を書いてもらい、「この寝ない虫っていつ来るの?」「どうやったら出ていくの?」などと話をしました。寝る前に、「あ、寝ない虫来た? この寝ない虫を退治してから寝よう」と声をかけ、虫を書いた紙をくしゃくしゃにしてポイと捨てるとすーっと寝られるようになったのです。

いろいろな問題に使える方法です。アトピーで肌をかいちゃう子に「痒み虫」とか、生まれた赤ちゃんに嫉妬してしまう子に「ジェラシー虫」とか、いろんな虫が作れますよね。

問題がその子自身のせいだと考えると、親は子どもを責めてしまいます。責められた子どもは、「自分は悪い子だ」と思うようになり、自己効力感は真っ逆さまに落ちてしまうのです。

でも、悪いのは虫なんだと思うと、家族全員がチームになってその問題を解決しようとするので、いい結果が出るのですね。

アトピーで、「かいちゃダメ」といわれても肌をかいちゃう子、一番辛いのはその子なんです。

「問題」を持っている人は、その問題によって一番苦しめられている人なのです。

その子に必要なのは、責められることでなく、それを一緒に解決しようと応援してくれるチームです。

「ネガティブーン」「わすれん帽」など、アニメ妖怪ウォッチには参考になる妖怪がたくさんいますよ。親子で楽しく、虫や妖怪の名前を作ってみてください。

問題に虫や妖怪の名前をつけて、追い出してしまおう。

㉒注意されなくても、自分からやる子になるには

子どもが学校から帰ってくると、テレビやゲームに夢中。「宿題やったの？　早くしなさい！」と何度言っても、やろうとしない。みんなそうなの？　うちの子だけ？　自分から進んで宿題をしようとする子がいるなんて、ママはもう信じられないような気持ち。このまま放っても、子どもは遊びほうけるのが目に見えている。だから今日も叫んでしまう。

「帰ってきたら、まず宿題！」

「おやつ食べたらすぐやりなさい」

こんな声かけはNGです。自己効力感をアップする、こんな言葉に変えていきましょう。

「宿題、何時に始める？」

「おやつ食べてからするか、遊んでからするか、自分で決めてね」

子ども自身に決めさせる

ママが「宿題やりなさい」と言うたびに、子どもは宿題から遠ざかっていきます。他人に自分の行動を決められると、その瞬間に、やる気を失ってしまうからです。

やる気を起こさせ、自主的な行動を促すには、自分で決めさせることが必要です。

「宿題をする」というのは変えようのない決定事項と考えるとしても、「何時に始めるの?」「どういう順番でやる?」と、子どもが自分で決められるポイントを作ってあげるといいですね。一部でも自分で決められると、人はやる気になるのです。

「おやつ食べたらすぐやりなさい」と決められるとイヤになるけれど、「おやつ食べるのと宿題と、どっちを先にする?」と言ってもらえると、やる気になります。「イヤなことは先にすませよう」と行動開始する子もいれば、「おやつ食べて、少し休んでからやるよ」と自分で決めた通りに動き出す子もいます。

「自分のことは自分で決めたい」という欲求は、誰もが生まれながらに持っているものです。他人にコントロールされることに幸せを感じる人はいないんですね。

人をコントロールしようとするのも、愉快なことではありません。だからママだって本当は、「ああしなさい」「こうしなさい」と言いたくないんです。

子どもの自己決定を尊重しましょう。そして、ママもコントロールすることから解放されましょう。

いくつか選択肢を用意して、子どもに自分で決めさせよう。

やる気や自信がないとき

子どもがやる気がなかったり、緊張して行動に移せないとき、親としてはもどかしいですよね。叱咤激励するともっと縮こまってしまって、逆効果ということも。

ここでは、子どもがやる気がなくて動き出さないときや、緊張したり失敗が怖くて一歩を踏み出せないときに、子どもの背中を押す声かけの方法を紹介します。

㉓「学校に行きたくない」というネガティブ感情を認めよう

「起きたくない」

「学校に行きたくない」

そんなふうに子どもが言うことありますよね。そんなとき、

「何言ってるの！　行かないとだめ！」

「休むなんて許しません」

というのはＮＧワード。自己効力感をアップする、こんな言葉に変えていきましょう。


「そうか、学校に行きたくないんだね」

「本当にがんばっているもんね」

まずはその気持ちを受け止めましょう。抱きしめたり、体をさすってあげたり、スキンシップもいいですね。

子どものやりたくない気持ちは、単にエネルギーが消耗していることから来ることがあります。ただ疲れていて、それをちょっと言ってみたい、ということも。まずは、ママが受け止めることです。しばらくすると「行く」と言って、ケロッとした顔で出ていくなんてこともありますよ。

どんな気持ちでもいいんだよ、と伝えてあげよう

「学校へ行きたくない」と子どもが言い出すと、いじめや登校拒否が頭をよぎり、親はドキッとしてしまいますよね。でも、まずはネガティブな気持ちを受け止めてあげることが大事なんです。

人には、それぞれ、「意志の力」のプールがあって、がんばったり我慢したりするとプールから水がなくなっていき、がんばれなくなります。

そんなときは、がんばっていることを認めてもらうだけでエネルギーが少し溜まりますね。「行きたくない」「やりたくない」と言っているとき、その事柄がどうというよりは、がんばっていることを認めてもらいたいだけということもあるのです。その気持ちとがんばっていることを認めることと、学校に行くかどうかということは別の問題として考えます。

学校に行きたくない理由としては、次のようなことが考えられるでしょう。

・ただ体が疲れていて、エネルギーが低い状態。
・何らかの理由で不安で、親から離れたくない（母子分離不安説と呼ばれます）。
・学校でイヤなことがあって、それを回避したい（恐怖回避説と呼ばれます）。
・なんらかの成長のつまずきや心の病気が隠れている。

疲れているときは、スケジュールや、栄養、睡眠、運動などを見直してみましょう。親から離れるのを不安に思っているときは、クオリティタイム（一緒に過ごす時間）を増やしたり、親はちゃんと戻ってくるから親が不在のときも幸せであることをわかってもらうことが大切ですね。親がいつも怒っていたり不幸そうだと、この傾向は強まる傾向があるのです。

学校でイヤなことがあるかもしれない場合は、学校とチームを組んで、子どもを見てあげることです。学校に行きたくないことが何回も続いたときは、長く待たずに、先生たちとミーティングをしてよく見守ってもらうと、解決しやすくなります。関係者は子どもの幸せを願うチームとして連携していくことが大切です。

学校でイヤなことがあって解決する努力をせず安易に「学校へ行かなくていいよ」となると、学校がずっと怖いままになってしまいます。一方で話し合いながら一度乗り越えれば、その先も乗り越えることができるようになります。子どもは経験を通して強くなっていくのです。

学校に行きたくないという背後に、成長のつまずきや病気が隠れていることもあり、その場合は専門家からの適切な支援や治療が必要なことも。そして努力しても、学校のタイプと子どもの性格があまりにも合わないとわかった場合は、ほかの方法を考えていくこともできるでしょう。

ネガティブな気持ちもがんばりも認めてあげよう。どうするかは別に考えればいい。

㉔子どもが「習い事をやめたい」と言ったらどうする？

子どもが空手を習い始めて半年後、急に「やめたい」と言い出した。本人がイヤがっているのだから無理強いはしたくない。でも、あれだけ「やらせてほしい」と言って始めたのだから、すぐにやめさせてはいけないという気もする。親としてどうすればいいか迷った末、

「一度始めたことは続けなさい」

「自分でやると言ったのだから、簡単にやめちゃダメ」

と言ってしまうのはＮＧです。自己効力感をアップする、こんな言葉に変えていきましょう。

ここまで読んできた読者の方なら想像がつきますね！　もちろん、まずは「やめたいんだね」と共感した上で、

「空手の何がイヤなのかな？」

「どうやったら楽しく続けられる？」

楽しく続けられる方法を、まずは一緒に考えてみましょう。その上で、やはりどうしてもイヤな場合は、やめるという選択肢も大切でしょう。

楽しく続けられることだけ続けよう

NGワードとして挙げた「一度始めたことは続けなさい」は、最も気をつけたほうがいい言葉です。「イヤなことを我慢して続けるのはいいこと」という価値観を植え付けることになってしまうからです。

ある学生と話していたとき、たまたま入ったサークルがイヤだという話を何度もされま

した。やめると言っておいてセッションを終えても、次回もまた同じことを言うのです。

やめられないのはなぜだろうと探っていくと、昔剣道を習っていたとき、やめたいと言ったら「一度始めたことはやめてはいけない」と父親にひどく叱られ、竹刀で叩かれたそうです。罰を与えられたのですね。それで、一度始めたことは絶対やめてはいけないという親の声かけが、意味のないことであってもやめられないくらい子どもを苦しめていたのです。

人は、楽しみながら何かをしているときに、自分本来の強みを発揮することができます。何かに夢中になる、没頭する、そのエネルギーが、周囲の人や広くは社会に貢献する活動を生み出します。

子どもが「やめたい」と言っても、「即刻やめる」という行動に直結するわけではありません。ですから、まずはよく話を聞いてあげましょう。

空手の何がイヤなのかと聞いてみると、単に通うのが面倒くさいというだけかもしれません。でも行ってしまえばいつも楽しめている、ということも。その場合は、空手自体がイヤになったわけではないので、やめる必要はないでしょう。


「今はひとりで通っているから、つまらないのかな？」

「ひとつ上のクラスになったら、お友達と通えるから、早くそうなれるようにがんばってみよう」

と、楽しく続けられる方法を見つける手伝いをしてあげるといいですね。

子どもが実際に体験してみて、

「これは自分に向いていない」

「あまり好きではないとわかった」

と言うなら、話は別です。親は、やめさせてあげる勇気を持ってください。


そして、そのあと、ぐちぐちと文句を言わないことです。水泳をやめたあと、ずっとそのことを責めていたら、娘さんが習い事をいっさいやらなくなったと悩んでいた方がいました。「一度始めたら、やめられない」「やめることは悪いこと」になってしまうと、挑戦することと自体が億劫になってしまうのですね。

お子さんが夢中になって取り組めること、強みを活かせることが、別のところにあるのです。そちらを見つけて自分を発揮できる場を用意してあげるといいですね。

楽しく続ける方法を探すか、やめさせる勇気を持つ。

㉕「辛くても我慢して乗り越えろ」は時代錯誤

子どもに漢字を覚えさせるために、1つの文字を10回ずつ、漢字練習帳に書かせるという勉強法がありますね。ちゃんと覚えられずにテストで間違えたら、また10回、練習帳に書かされます。宿題として課されることもあります。それがイヤでイヤで仕方ないという子もいるでしょう。

「つまらない」「やりたくない」と思っているから、雑な書き方になり、ただ書き連ねているだけ。書きながら覚えようなんていう気はなさそうです。そんなとき、

「宿題なんだから、がんばってちゃんとやりなさい」

「これくらい、我慢してやっちゃいなさいよ」

と言うのはNGです。自己効力感をアップする、こんな言葉に変えていきましょう。

「何のためにたくさん書くんだと思う?」
「もっと楽しく覚えられる方法を考えようか」
「お手本そっくりに書けるかな。挑戦してみようよ。10回書けたら、ママに見せてね。ようい、スタート!」

我慢する人よりも、楽しんで挑戦する人の勝ち

自己効力感の高い子どもたちにとって、自ら望んでする「努力」は決して辛いものではなく、それ自体を楽しむことができます。その過程で起こる成長や、手に入るものが意味あるものだと感じられるからです。そう信じていると、人はがんばれるものです。私にもそんな経験があります。

私はアメリカの大学で学びたくて、単身ニューヨークへ渡りました。飛び込んだはいい

のですが、実は英語が大の苦手で、全くできませんでした。でも、「この心理学の論文を英語で絶対に読みたい！」「絶対にここで学位をとって心理学者になるんだ！」と明確な目的があったので、辛い英語学習もがんばって乗り越えることができました。

誰しも、自分の夢を叶えるためにそれが必要ならば、進んで乗り越える力が湧いてくるんですよね。そして、そのプロセスを楽しめるように工夫できれば最高です。私も、つまらないニューヨークタイムズの記事ではなく、大好きな推理小説やハリーポッターなど夢中になれる本を選んで読んでいると、知らないうちに英語が上達していました。

漢字練習も、何のためにやるのかという目的が、自分の中ではっきりすれば、やり切れるはず。「テストでいい点を取るため」でもいいし、「文字をきれいに書けるようになるため」でもいい。「漢字をたくさん覚えると、大人向けの面白い小説だって何だって読める」というのもいいと思います。漢字の練習をすること自体が楽しめたら、一番いいですよね。

しかし日本には、ただがんばることをがんばらせるという、旧弊で悪しき傾向が、根強く残っているように感じます。我慢と根性の礼賛ですね。
それではいけない、と私は考えます。

我慢して乗り越えるだけでは、人は成長しないからです。勉強、スポーツ、仕事など、いいことも悪いことも含めた全てのプロセスを楽しんでしまうほうが、人は多くを学ぶことができるのです。

我慢をするからいい結果が出せるという考えは、もはや時代錯誤でしょう。我慢しながらやっている人は、楽しくいきいきとやっている人にかなわないのです。

NHK‐BSの「奇跡のレッスン」という番組で、ハンドボールのコーチがデンマークから来て教える様子が紹介されていました。

日本のコーチは子どもたちを叱り飛ばし、「こんなに怒っているんだから優勝させてあげたい」と言っていました。オランダのコーチは「ハンドボールは楽しいよ！」と言って、今まで退屈なルーティンだったウォームアップもゲームに替えてしまいました。その後の成長のめざましさと言ったら！

子どもが苦しんでいるときに、「我慢しなさい。乗り越えなさい。苦しいからこそ成長するのよ」と押し付けるのはやめましょう。子どもは、がんばらなければいけないとわかっているのです。
がんばった先にどんないいことが待っているか、明るい未来に意識を向けさせ、そのプロセスを少しでも楽しめる工夫ができるとよいですね。

辛いことも楽しく乗り越える方法を探そう。

㉖子どもが宿題をイヤがるときは

子どもが宿題をイヤがるときってありますよね。そんなとき、

「何言っているの」
「とにかく宿題やりなさい」
「だらしない子ね」

というのはＮＧです。自己効力感をアップする、こんな言葉に変えていきましょう。

「難しいところがある？」
「できるには何が必要かな？」

と聞いてあげましょう。

責めずに課題のレベルが合っているか確認する

子どもが、ある課題をしないときに注目したいのが、その課題の難しさと子どものスキルが合っているかどうかということ。

人は、目の前の課題より自分のスキルがとても低いと感じると、不安で行動に移せないことがあります。逆に、目の前の課題のレベルが、自分のスキルに比べて低すぎると退屈に感じ、こちらもまたやる気が湧きません。

課題のレベルと自分のスキル、この2つが「ギリギリの状態で、ちょっと高いところで釣り合っている」ときが一番楽しくできるバランスです。

自分のレベルがそもそもわからなかったり、認められたくて高い課題に挑戦してしまうなど、子どもが自分で調整するのは簡単なことではないので、親やまわりの大人が気にかけてあげることが大切ですね。

最終目標を低くしなくていいということです。むしろ高いくらいがいいのです。でも、ポイントはそれに向かう「次のステップ」を、今の自分のスキルよりちょっと高いくらいに設定すること。「ビリギャル」という映画で、最終目標は慶應大学の受験合格だったけど、まずは中学生のドリルから始めた、というのがよい例です。

課題のレベルとスキルのレベルを合わせよう。

㉗「どうせ」が口ぐせの子にかけてあげたい言葉

「お友達の○○くんがバスケ始めたんだって？　あなたもやってみたら？」

とママが何か勧めても、子どもはその都度、

「どうせできないから」

「どうせダメなんだから」

と投げやりな言葉を口にする。

そんなとき、

「どうせできないとか、どうせダメとか、その口ぐせやめなさい」

「何もしなかったら、何もできないままだよ」

と言うのはＮＧです。自己効力感をアップする、こんな言葉に変えていきましょう。

「練習すればできるようになるんだよ」
「誰でも最初はできないよね。それが普通だよ」
「あなたがやりたかったら、ママ、全力で応援するよ」

投げやりなのは、叱られ続けたからかもしれない

ショッキングかもしれませんが、子どもから「どうせ」という言葉が出てきた時点で、自己効力感がすごく低くなってしまっているのです。

「どうせ」を口にする子の背景には、少なくとも次の3つのことが考えられます。

1つ目は、過保護で、失敗しないように親が先回りして、何も挑戦させてもらえず「ああ、自分は力がないんだ」と感じてしまう子。

2つ目は、放任的で何でもさせてもらえ、どんな悪い行動をしても叱られない子。よい行動ができるとは信じてもらえていないことから、「どうせ僕なんて」という言葉が出るこ

こともあります。

そして、一番注意しないといけないのは3つ目。普段、親や先生などまわりの大人からものすごく叱られている子の場合です。

「あなたは何でいつもそうなの！」

「何度言ってもわからないんだから！」

と叱られ続ければ、「どうせ」という気持ちになっていきますよね。

落ち着きがない子、またADHD（多動性症候群）などの発達障がいがある子たちは、常に叱られている傾向にあるため、「どうせ」と口にするようになります。

ひとくちに障がいと言っても、一次障がい、二次障がいがあります。

一次障害とは、ADHDなどの問題を抱えているために落ち着きがないとか集中できないとかいう現象のこと。本人は座りたいと思っているけれど座れないとか、最後までやりたいけれどやれない、忘れ物したくないけど忘れてしまう、という状態です。本人はどれほど辛いことでしょう。もっと辛いのは、こうしたいと思うとおりにできないことを、周囲の人に叱られ続けてしまうことです。

その結果、「どうせ僕なんてダメなんだ」と自信をなくしてしまうことが二次障がいです。親にとっては本当に難しいことですが、どんな状態であっても、できるだけ叱らないことってとても大事なんですね。障がいのある子にはなおさら、その点を意識してあげる必要があります。

すでにお子さんが「どうせ」と言うようになってしまっているというママたちは、叱りすぎたせいだと自分を責めないでくださいね。今が変わるチャンスだと思って、声かけを変えていきましょう。

「今まであなたのことをずっと叱っちゃった。まわりから『落ち着きがない』と言われたから、ママも自信がなくなっちゃったんだよね。でも、それはあなたが悪かったんじゃなくて、ママが悪かったんだ。叱っちゃってごめんね」と伝えてあげてください。

そして、「今はできなくても大丈夫だよ。練習したらできるようになるんだよ」と、ＯＫサインを出す言葉を伝えていきましょう。この本で紹介したような強みを見つけたときの声かけ、成長段階に合った声かけも試してみてください。

できないことを叱らずに、やり方を工夫して。やれるように周囲がサポートすれば、できるようになるはず。親は子の「やってみよう」を育ててあげることができるのです。

叱り続けたことを謝って、これから練習したらできるようになると伝えよう。

㉘「がんばれ」と言うよりも、具体的なアドバイスを

ある娘さんは、けっこう「あがり症」のようです。明日はクラスのみんなの前で夏休みの工作を発表することになっているときなど、家でひとりぶつぶつ言って予行練習に余念がない様子。

それを見ているママは応援してあげたくてたまらないので、つい、「がんばって」「力を出し切って」と言いたくなりますが、その言い方はあまり効果がないかもしれません。

子どもには、曖昧で抽象的な言葉は全然伝わりません。「がんばってね」と言われても、何をしていいのかわからないのです。

子どもにアドバイスをするときは、つとめて具体的に、そして自己効力感を高めてくれる、こんな表現に変えていきましょう。

「ゆっくり話すと伝わるよ」
「工夫して作ったところを紹介するのがいいよ」

「がんばって」でなく「がんばってるね」

たとえば野球の試合で、今まさにバッターボックスに立とうとしている子に、「がんばってね」「Do your best!（あなたの全力を出しなさい）」と声援を送ると、多少は励ましになるでしょう。

しかし、なんとしてもヒットをかっ飛ばしたい子にとって、役に立つ言葉とは言えません。それよりも、「ボールをよく見てね」「最後まで振り切ろうね」と、具体的に声をかけましょう。

「がんばってね」と言いたいときは、自分が相手に何を伝えたいのかを考えてみてください。

「最後まであきらめないで走り切ろうね」
「ボールをよく見て、バットを振ろうね」
「もうちょっと右足を使おう」

といった具体的なアドバイスなら、子どもに確実に届きます。

そしてもうひとつ、状況や相手によっては「がんばれ」と言わないほうがいいときがあります。

「がんばれ」という言葉は、すでにすごくがんばって結果が出ない壁に当たっている人にとっては、「あなたはまだ十分やっていない」というメッセージを暗に伝えてしまうことがあるからです。相手は絶望的になることもあります。

子どもたちは、もう十分がんばっているんです。だから、伝えてほしいのは「がんばって」でなく「がんばってるね」ですね。

具体的なアドバイスで励ますのとともに、「がんばっているね」と伝えることで、子どもたちは自分の持てる力を思う存分に発揮することができるでしょう。

励ましは具体的な言葉で伝えよう!

㉙子どもが緊張してストレスを感じているとき

ピアノの発表会や運動会の前日など、子どもが「出たくない。うまくできない」と怖がっていたら、ママはどんな言葉をかけてあげるといいと思いますか?

「そんなに緊張したら力が発揮できないよ」

「緊張しないで、リラックス」

と言ってしまうのはＮＧです。自己効力感をアップする、こんな言葉に変えていきましょう。

「怖いな、イヤだなと思うのは、成功させてくれるためのサインだよ」

「緊張するからうまくいくんだよ」

「緊張するのは、あなたの体が、うまくいくように準備をしているからなんだね」

適度なストレスなら、あったほうがいい

子どもが緊張していても、その状態を怖がらないようにしてあげましょう。「緊張＝ストレス＝悪いもの」と、とらえないことが大切です。

かくいう私も以前は、ストレスを悪者扱いしていました。ストレスがあるからイライラするのだし、ストレスに負けて失敗することが多い、と思っていたのです。子どもたちの前でも、そんな話をしていました。

でも、それは間違いだったと気がつきました。過度で長期間のストレスは心身にダメージを及ぼすこともありますが、適度なストレスなら、むしろプラスの作用をすることがあります。

そこで私は子どもたちを集めて座らせ、「ママは間違っていた。ストレスはあなたたちにいい影響を与えることがあるのよ」と話したことがあります。

この言葉は子どもたちに確実に響きました。その日を境に、子どもたちの意識はガラッ

と変わったのです。

娘は学校行事のミュージカル発表会を目前に、お友達とこう話していました。


「緊張するね〜」

「うんうん。でもこの緊張感がいいんだよね」

「うまくいきそうだね」

そばで聞いていた私はびっくり。我が娘ながら、羨ましいほどの自己効力感です。娘と友達は、「緊張＝成功する前兆」とプラスにとらえているのです。

ストレスを歓迎し、力を発揮する糧にしていきましょう。子どもたちにもそう教えていきましょう。


緊張＝うまくできるように体が準備してくれている＝成功する前兆

㉚「仲間外れにされた」と子どもが悲しんでいたら

子どもが学校でお友達と仲違いでもしたらしく、「今日はお弁当を一緒に食べてもらえなかった」と悲しそうにしている。そんな我が子の姿を見ると、ママのほうこそ胸が痛むでしょう。そこで、

「一緒に食べようって、明日は自分のほうから誘ってみなよ。あきらめないで、やってみることが大事だよ」

「何か原因があるなら、解決しなくちゃね。そうすればまた仲良くできるんじゃない？」

と言うのはNGです。自己効力感をアップする、こんな言葉に変えていきましょう。

「〇〇ちゃんは、どうしてその子と一緒にお弁当食べたいのかな？」

「その子と一緒にいて楽しいかな？」

そのつながりに「愛」はある？

まずは子どもの気持ちに寄り添う。これが大前提ですね。子どもがどんな気持ちだったか、どうしたいと思っているか、よく聞いてみましょう。

そのことを抜きにして、いきなり解決方法を提示したりアドバイスを与えたりしても、子どもの心に全く届きません。

大切なのは、子ども自身に考えさせることです。自分を仲間外れにした友達とはどういうつながりだったのか、本人がよく考えて、これからのことを決められるように促していきましょう。

本当はその子とつきあうのはイヤなのに、いじめられるのが怖いから一緒にいたのだとしたら、そのつながりは「恐れ」がベースになっています。

恐れでつながっているのだとしたら、その後いったんは仲直りをしても、常に不安を抱えてつきあうことになるでしょう。
私だったら「仲間外れにするような子はアウト。つきあわなくていい」と言ってしまいそうです（笑）。

それとは対照的に、その子のことが大好きで、一緒にいると楽しいからつきあっているのならば、そのつながりは「愛」がベースになっています。
そういう相手と仲良くしていってほしいものですよね。

恐れでつながっているのか、愛でつながっているのかを考える問いかけをしてあげてください。それはお友達とのことだけでなく、何か新しいことにチャレンジできるかどうかにも深く関わってくる問題です。

「やってみて失敗したら、友達に笑われる、仲間外れにされちゃう、ママにも愛されなくなる、自信がこなごなになっちゃう」という恐れる気持ちがあると、なかなかチャレンジできません。

「きっと大丈夫だから、やってみよう」と自信を持てるだけの、よいつながりがあれば、何にでも積極的にチャレンジできます。

自己効力感は、どう生きるかという、生き方に大きく影響するものなんですね。恐れからは本当のやる気は湧いてこないものです。

「あなたはどういう生き方をしたい？　恐れか愛か、どっちを選びたい？」と子どもに問いかけて、自分で答えを見つけさせてください。怖いのは嫌だ、安心して遊べる子と一緒にいたい、ワクワクしたい、愛でつながった生き方をしたいと望むなら、他の友達を作るという方向に挑戦するのではないでしょうか。

一緒にいるのは、怖いから？　好きだから？
つながりの理由を確かめさせよう。

第3章

親から子どもに伝えたい4つのこと

～幸せな子を育む土台をつくる～

第2章の「自己効力感」を育てる声かけ30のシチュエーションには、「あるあるこんなとき」という場面があったのではないでしょうか。「つい使ってた言葉、違っていた」とわかったら、ぜひ、今日から自己効力感がアップする声かけをしてみてくださいね。

第3章では、自己効力感が育つ4つの土台についてお話ししたいと思います。

・無条件の愛を与えて、子どもの「安全基地」にママがなる。
・コントロールを手放して、子ども自身に決めさせる。
・「ママとあなたも違うよね。違うからいい」と伝えていく。
・「失敗だっていいんだよ」と親の生き方を見せていく。

ママと子どもに幸せが巡る親子関係が築ければ、自己効力感を育むことができるのです。
そんな4つの土台、ひとつずつお伝えしていきます。

ママは子どもの「安全基地」

公園で、滑り台を見つけて走り出した子どもが、こけて膝をすりむいて、ママーと泣いて腕の中へ。しばらく泣いたら、「行ってくるね」と遊びに行く。滑り台で遊んでいたら、後ろの子からぶつかられて、またママーと戻ってくる。そして、また遊びに行く。

そんな経験を、多くのお母さんがしているのではないでしょうか。

時々ママのもとへ戻って安心感を充電し、また駆け出していく。これは子どもが成長するプロセスそのものなんですね。

子どもは外の世界と安全基地を行き来して成長する

子どもは成長するにつれ、自分の活動エリアを広げていきます。歩き始めた瞬間から、挑戦の連続です。聞こえる音、目にするもの、手に取るもの、全てが初めて経験することばかりですから、好奇心をそそられるとともに、恐怖心も生じます。それでも恐れず挑んでいくわけですから、勇気がいるでしょう。

楽しいときは夢中になっているからいいけれど、うまくいかないことがあって、なんだか不安になったときのために、いつでも帰れる安全基地が必要です。

安全基地で安心・安全を補充し、勇気のタンクが満たされてくると、子どもはなんとなく退屈になります。また外の世界へ走っていって、新たな挑戦を始めます。外の世界と安全基地を行ったり来たり。子どもたちはこのサイクルを繰り返しながら活動の場を広げ、成長していきます。

未知の領域に挑む力、つまり「やってみよう」と自己効力感を持てるようになるには、ママが安全基地になってあげることが必要不可欠なのです。

無条件の愛が伝わるように工夫しよう

子どもたちが安心して過ごせる居場所を作る活動をしている方が、こうおっしゃっていました。

「一番怖いのは、家でいい子を演じている子たちです。家に居場所がなくて、親の前でいい子でいないとならない子は、外でいじめをする」

こういうお話を聞くと、ママが安全基地になってあげることの重要性をひしひしと感じますね。うちの子も家ではぐずりますが、外ではがんばっているようで、こういうわがままな部分を見せられるのは、親が子どもの安全基地になっているからかもしれないと思うことがあります。

ところが、安全基地であるはずの親が、子どもにとって安心できない場だとしたら……。

癒やされることのない不安は行き場を失い、暴走してしまうんですね。いじめをしたり、犯罪にまで及んでしまうのは、子どもたちの悲痛な叫びのあらわれなのだと思います。

「ここはあなたの安全基地。誰もあなたを責めないし、傷つけることもないのよ。だから、無理してがんばらなくていいんだよ」


親がそういう気持ちで接してあげると、子どもは安心して休むことができ、不安を癒し、再び飛び立つ勇気を補充できます。能力や結果ばかりを褒め、失敗すると叱られたり罰を与えていれば、いい子でないと愛されないという気持ちになり、家で安心して休めなくなります。「自分は無条件に愛されている」と感じさせてあげることが大切ですね。

愛のタンクを満たしてあげよう

人は誰でも、心の中に愛のタンクを持っています。そして、「自分の存在を認めてほしい、愛してほしい、愛のタンクをいっぱいにしたい」という生まれつきの欲求があります。

安全基地は愛のタンクを満タンにする給油所なのです。タンクが満たされると、エイッと外に飛び出してがんばれるし、他人に優しくすることもできます。

しかし、タンクの中の愛が減ってくると、外に出てもがんばれないし、人に優しくなんかできないし、自分を制することができなくなって、ヒステリックな感情が暴走してしまう、ということになりかねません。

もし、子どもが暴言を吐いたり、問題行動が目立ってきたら、愛のタンクが少なくなってきたサインと捉えましょう。そして、子どもが愛されていると感じられる形で、愛を伝えていきましょう。愛が伝わる言葉、愛を伝える方法はたくさんあります。

①相手の気持ちを汲み取って共感・理解を示しながら、注意深く話を聴く。
②「大好きだよ」「〇〇ちゃんはママの宝物よ」など、肯定的な言葉をかける。
③一緒に過ごす時間（クオリティタイム）をつくる。
④スキンシップをとる。
⑤大好きなメニューを作るなど、生活を支える。
⑥お祝い事を一緒に喜ぶ。

この６つをぜひ試してみてください（詳しくは拙著『世界に通用する子どもの育て方』をご参照ください）。

ポイントは、人によって愛を何で感じるかが違うので、相手が愛を感じられる言語で話すことです。

安全基地を持ち、愛のタンクを満たすことは、親にも必要なのをお忘れなく。子どもに声かけをしても「わかっていてもできない」というときは、愛のタンクが減っているとき。自分に優しくしてあげてくださいね。

自分で決めていいんだよ

「うちの子は帰ってくるなり、上着を脱いで放り出し、片づけようとしない。ランドセルもその辺に放りっぱなしで、靴下を脱ぎ散らかすからいつも片方なくなるし、宿題もうるさく言ってやらせないと絶対にやろうとしない。私はいつも怒って注意して、結局は上着をハンガーに掛けてやり、ランドセルをしまい、靴下は洗濯機に。こんな毎日だから、疲労感がすごいのよ」

そんなママは多いのではないでしょうか。

私のところへ相談に来られたえみさんも、お子さんの生活態度にイライラしどおしのようでした。

「何回言っても、聞かないんです。だからもう、ママはあなたの後始末はしないからね！と宣言してやりましたよ。そうすれば少しは自分でやりだすかと思ったけれど、もっと部屋が汚れていくだけでした。この子には整理整頓ができないんだと、もうあきらめました」、と笑い話のようにお話してくださいました。

ママがやってくれないなら、イヤでも自分でするだろうと思いきや、そんな親の思惑は見事に外れ、子どもは片づけるそぶりもないまま、部屋は散らかるいっぽうで惨憺たる状況に。こういうのって、よくあることなんです。

そうなってしまうのはなぜだと思いますか？

実は大事なことが抜け落ちていたため、お子さんはやる気になれなかったのです。その大事なこととは、「自分で決める」ということ。やろうという気持ち（モチベーション）は、自分で決めたことなのかどうかで大きく左右されます。

選択肢を提示し、子ども自身に決めさせよう

ママがやるかやらないかは、ママが決めたことで、その決定事項の中に子どもの気持ちは入っていません。

ママが「もうしないよ」と決めたことと、子どもが「自分で服を片づけよう」と決めることとは直接的な関係がないため、事態は全く変わらなかったわけです。

では、どうすればよかったのでしょう。

私がえみさんにお伝えしたのは、次の2つのアドバイスです。

まずは、「片づけって面倒くさいよね」と片づけたくない気持ちを認めた上で、「ママは毎日あなたのものを片づけるのにとても大変なの。どうしたらあなたが自分で片づけられるか、方法を一緒に考えない？」と話を切り出すこと。

最後に「あなたはもう大きいのだから、自分のものを片づけることができると思うの。やりやすい方法を考えよう。上着は玄関で脱ぐんだったら、壁にホックを付けてあげるから、そこに掛けるのはどう？　靴下は洗濯機の前で脱ぐとか、脱ぐ場所を決めてみたらどう？」、そんなふうに選択肢を提示して、自分で決めさせてあげること。

人には「自分で決めたい」という感覚が生まれながらにあり、これが満たされないとコントロールされていると感じて、心がとっても苦しくなってしまうのです。

でも、「自分で決めていいんだよ」と言ってあげれば、子どもは喜んでついてきてくれます。

「自分で決めていいんだよ」、この一言が子どもの自律性を育てます。自分から「やってみよう」と思えることは、自己効力感が高いということそのものです。

親がコントロールを手放すと、子どもの自律性が目覚める

幸せに何が影響を及ぼすか、2018年に神戸大学の西村和雄氏が20〜70歳までの2万

人を対象に実施した調査によると、
1位　健康
2位　人間関係（パートナーや職場の上司・同僚）
3位　進学先や就職先を自分の意思でどのくらい決められたかという「自己決定度」
となりました。
自分で決めることが幸せに大きく関わると、多くの人が実感しているのですね。収入や学歴があれば幸せになれるという思いこみ、そのために子どもにはしっかり勉強させるという風潮にも、見直しが必要かもしれません。

将来必ず役に立つと信じて子どもにさせていることでも、子どもは自分で決めたことでなければ、やろうという気持ちが湧きません。親が「こうしなさい」とうるさく言うから従っているだけ、という場合が多いようです。子どもは親の支配やコントロールを敏感に察知し、内心うとましく感じていることがよくあるのです。

子どもの成長段階に合わせて、何ができるようになってきたか、どんな話し方なら伝わるかを見極めながら、親子で話し合ってみませんか。

子ども自身が「こうしたい」と望んでいることを尊重しましょう。

親が先にコントロールを手放し、子どもに自己決定を促すと、自律心が芽生えます。

子どもは、自分で選んだことなのだから、責任をもって最後までやり遂げよう、と思えるものなのです。

子どもの自律性を妨げずに制限を与えるには

「親がうまくコントロールしてやらないと、子どもは好き勝手をするんじゃない?」という不安があるかもしれませんが、ご安心ください。「コントロールを手放すこと」は、何の制限も設けずに好きにさせることとは違うんですね。

ここまではしていいけど、ここからはいけないよという「制限」を設け、責任感を持たせることも必要です。

大切なのは程度。「これをしなさい」「これはしてはいけません」と制限マックスの状態だと、コントロールすることになってしまいます。子どもの自律性を育てるのに必要なのは、その圧力が最小限の「制限」です。

コントロールにならない制限のかけ方についての研究も進んでいます。デシという心理学者とそのチームが行った4歳児対象の調査では、「親が次の3つの要素を持って子どもに関わると、自律性を妨げずに制限を守れるようになる」ことが立証されました。

それは、先ほどの例でもカバーされていた、次の3つです。

①共感／まずは「やりたい」または「やりたくない」など、子どもの気持ちに共感する。

②説明／なぜ「やらないほうがいい」または「やったほうがいい」と親が言っているのか、その理由を説明する。

③自己決定／最後に、「こうしてくれたら助かる」「このほうが嬉しいけど、どう思う?」など、圧力を最小限にした言い方や質問の仕方で親の思いを伝え、子どもにどうするか選択の余地（自己決定権）を与える。

共感・説明・自己決定の3ステップ

前述の「共感・説明・自己決定」という3ステップを実践すると、子どもの反応は大きく変化します。もう1つ例をご紹介しましょう

Kさんと小学2年生の息子Sくんの場合がまさにそうでした。Sくんは元気いっぱいの活発な子です。ただ、ちょっと腕白すぎて、クラスメイトの親御さんから「乱暴者」などと言われてしまうことも多々あったようです。


「なんでそんなことばかりするの」

「いい加減にして」

「お母さんは謝ってばかりで恥ずかしい」

と叱りつけても全く効果なし。Kさんは怒り続けることにも疲れ、このままでは事態は変わらない、何とかしなくてはと、私の講座へお越しくださいました。そこで、「共感・説

明・自己決定」の3ステップ実践法を学んでいただいたのです。

ある日、Sくんのクラスメイトのママから「ランドセルを蹴られて壊された」と苦情の電話が。Kさんは怒りをぐっとこらえ、3ステップの方法で息子と話し合うことにしたのです。

まずは、なぜランドセルを蹴って壊してしまったのか、わけを聞くと、悪口を言われてカッとしてしまったからとのこと。壊そうとして蹴ったわけではないようです。そこでKさんは、「Sくん、イヤなこと言われて腹が立ったんだね」と共感を示しました。

「でもね、わざとじゃなくても、蹴るという行為は相手の体や持ち物を傷つけるから、よくないよね。壊すつもりがなくても、ランドセル壊れちゃったでしょ。その子は悲しくなるよね」と、なぜその行動がよくなかったのかを合理的に説明しました。

そして、「今度またイヤなこと言われたとしても、蹴ったり叩いたりしないようにするためには、どうすればいいかな。ママは『そういうこと言うのはやめて』って、イヤだという気持ちを伝えたらいいと思うんだけど、Sくんはどう思う?」と自己決定を促しました。

以前なら、「蹴るなんてダメでしょ。やめなさい」の一辺倒でしたが、「共感・説明・自己決定」の3ステップで説得ができるようになった、その努力が素晴らしいですね。

息子のSくんの反応も大きく変わりました。「僕も蹴りたくて蹴ったんじゃない。今度また同じようなことがあったら、やめてって言ってみる」と話してくれたそうです。

Sくんはこれまで、頭ごなしに叱られてばかりいましたが、今回はママが共感してくれて、自分で決めていいよと言ってくれたので、「ママがわかってくれた」と本当に嬉しかったのでしょう。

それに、「自分で決めていいんだよ」という言葉は、信頼を示す最大の表現なのです。子どもにとって、親に信頼されることほど嬉しいものはありません。自分で決めていいよと機会を与えられるたびに、子どもの自律性が育っていきます。

その後のSくんは、ママに何でも話してくれるようになったそうです。ママはわかってくれる、と安心したのでしょう。

Kさんの意識も大きく前進したようです。かつては息子の問題行動としか見えなかったことも、親子が気持ちを話し合って関係を深めるいい機会になるんだと、プラスの面を見て受け取れるようになったのです。

「自分で決めていいんだよ」の一言とともにママがコントロールを手放すことで、子どもが変わり、親も変わり、親子関係がぐんとよくなって幸せに包まれていく様子でした。

第2章でお伝えした声かけも、「自分で決めていいんだよ」を根底にして、使ってみてほしいのです。もっと結果をよくさせよう、うまくやらせよう、コントロールしようという気持ちは、子どもに見透かされてしまいます。人はコントロールされるのがイヤなので、抵抗したくなり、せっかくのこの本に書いてあるような声かけをしても空回りしてしまうでしょう。好奇心をもって新しいことにチャレンジすることが子どもの幸せにつながる。そのための関わり方なのだと、目的を見失わないで使ってみてください。

みんな「違う」から、みんな「いい」

Mさんの息子さんは小学1年生。学校は1学年4学級あり、1組から3組は普通の学級ですが、4組は特別支援学級です。週に数回、1組から4組まで全員が揃って勉強する合同クラスがあるそうです。

合同クラスがあった日の帰り道で、息子さんがママにこう話しました。

「今日はね、合同クラスのとき、4組のRくんがいなくなっちゃったんだよ。Rくんはママが大好きなんだって。だからママに会いたくなって学校から飛び出しちゃうんだって。だけどね、ひとりで外に出ると危ないよね。事故にあったりすると大変だから、僕たちみんなで探したんだよ」

それを聞いてMさんは、胸がじんわり温かくなったそうです。普通学級の子と特別支援学級の子の違いをそのまま受け止めて、事故にあうと危ないから探したんだと純粋に心配する子どもたちは素晴らしいですね。学校の先生の指導方法も素晴らしい、とMさんは関心していました。

ただ違いがあるだけ、そこに優劣はない

多様性を学べる教育環境はとても素敵です。私とあなたは「違う」けど、ただ「違い」があるだけで、そこに「優劣」はないんだよととらえられたら、差別やいじめは起こりにくいでしょう。

「Rくんが突然学校を抜け出してしまう」という点にだけ注目すると、「Rくんは特別な子。僕たちとは違う」と敬遠してしまいがちです。でも先生が「Rくんはママが大好きだから家に帰りたくなっちゃうんだよ」とみんなに伝えてあったので、「それだったら僕も同じ」「私も本当はママに会いたいんだよね」と子どもたちは共感することができたのです。

相手に共感ポイントを見出せると、自分とは「違う」部分も受け入れやすくなります。先

生は子どもたちが「違い」を受け入れやすいように、そして、そこに「優劣」がつかないように、上手にサポートをされていたんですね。

多様性が尊重される社会とは、さまざまな選択肢の中から、自分らしい生き方を自己決定できる社会です。つまり、人の目を気にしないで、失敗を恐れないで、「やってみよう」と思いやすい社会なのです。そんな社会に子どもたちを住まわせてあげたいですよね。

家庭でできる多様性の教育

どうやって子どもに多様性を教えればいいのでしょうか、と聞かれることがあります。最も効果的なのは、この本に何度も出てきた「共感」です。どんな気持ちでもその子が感じた気持ちも認めてあげると、その子は多様性を認めてもらえ、他の人の気持ちも認めることができるようになります。

我が家では普段から子どもたちと、「いろいろな人がいるね」と話すようにしています。

そして、人それぞれ違いがあっていいのだから、人を否定しないようにしようと伝えています。

人を否定することは多様性を否定すること、多様性を尊重する精神の真逆をいくことだからです。

たとえば、町でホームレスの人を子どもがじっと見つめたとき、「そんなに見ないの！失礼でしょ！」と足早に通り過ぎるのは、それこそ失礼な行為ではないでしょうか。そんなとき、うちの家族では、

「今日は冷えるから、あのおじさんも大変そうだね。大丈夫かな」
「家族と離れて暮らすって、寂しいかもしれないね」
「どんなふうに感じた？」

など、親子で話すようにします。見なかったこと、なかったことにしないで、話題にするというのが我が家の方針です。

社会問題につなげていったり、人権の話をしたりなど、難しいことを議論するつもりは全くありません。落としどころはいつも「いろいろな人がいるね」と、それだけなのですが、見なかったこと、なかったことにしないという小さな試みが、子どもたちによい影響を与えていると思っています。

いろんな生き方があり、いろんな違いがあるけれど、優劣はない。子どもたちは自然とそう考えられる子に育っているようです。

「違い」を面白がっちゃおう!

「私とあなたの考え方って全然違うのね」と表面上は認めることができても、私のほうが正しいよと内心思っていれば、違いに優劣をつけることになり、衝突が生じる元となります。

「私はこう考えるけど、あなたのような考え方もあるんだね。面白いね」と、自分にない発想を楽しむことができたら、もう大丈夫。違いにいちいち腹を立てていた人も、違いを受け入れる方向にシフトできます。

多様性を受け入れる感受性を育てる上で役立つのは、「違い」を面白がること！　まさにこれなんです。

「○○ちゃんはそう思ったんだね。ママはちょっと違う考えで、こう考えたよ」

「○○ちゃんの発想、ママにはなかった。面白いね」

など、普段の親子の会話の中でも多様性を育むことができるのです。

違いを受け止め、受容する環境が整うと、自分の考えがほかの人の意見と違っていてもいいんだ、どんな気持ちでも言っていいんだ、と思えるようになります。「ママは反対だな」など、子どもの意見に反対してママの気持ちを伝えることも、もちろんＯＫです。

「あなたとママは違いがたくさんある。でもそれはママのほうが偉いわけでも、○○ちゃんが正しいわけでもないんだよ。ただ違うってこと。面白いね」

そんなふうに認め合いができる関係って素敵ですよね。

ママと私という小さな関係の中で、違いを受け入れることができた子は、外の世界に出てからも、同じように考えて違いを受容できます。

点数がいい・悪い、足が速い・遅い、字がきれい・雑、背が高い・低い……。さまざまな違いをただの違いとして受け入れる態勢ができていれば、優劣をつけることもなく、争いになることもありません。比較のない世界に生きることができるのです。

「違うって面白いね、素敵だね」
「得意なことがそれぞれ違うから、助け合えるね」
「あなたとあの子は違うから、いいんだよ」

自分が他人と違ってもいい、違うからこそいいのだと、一番近くで教えてあげられるのは、ほかでもないママなんです。

ママが多様性を受け入れていれば、子どもたちは「自分でいいんだ」と安心して、より前向きに、より意欲的に自分らしく生きていけるのです。

平等を手放そう！

「平等」はいいものだと思っている親も多いでしょう。私の母の口癖も「私は子どもたち4人、平等だけは意識した」と言います。なけなしのお給料から、それぞれ同じだけ夢のために応援資金を捻出してくれたことはとても感謝しています。でも、ある人にメガネをあげたから、世界中の人全員にメガネを渡すのが平等でしょうか？　人は一人ひとりニーズが違うので、平等である必要はないんですね。

これは、多様性とも関係しています。多様なニーズのある人たちは、公平に扱われる必要はありますが、平等に扱われなくていいのです。

例えば、息子が、「愛はホットケーキを3枚も食べてる」と言ったとします。我が家ではこのようなとき「大くんは何枚食べたいの？」と聞くようにしています。2枚しかいらないかもしれないし、5枚食べたいかもしれませんよね。つい「大くんも3枚欲しいよね」と同じ枚数をあげようとしてしまいますが、平等がいつでも本人の希望と一致しているわけではないのです。

私は平等を手放してから、子育てがぐんと楽になりました。たとえば、娘がお友達といろいろあった日、寝る前に1時間くらい話していると、息子がやきもちを焼きます。でも、そこで息子にも1時間使わなくてもいいんです。こんなときには「あなたがお話があるときはちゃんと時間をとるからね」というようにしています。

誰々が何を持っているなどの話が出たら、
「あなたは何がどのくらい欲しいの?」
「その理由は?」
とまわりと比較することなく、その子本人のニーズを聞くように気を付けています。

子どもも、「誰かと比べて自分が同じくらい得られていないのではないか?」という「不安」が根底にあったのが、「自分が必要なときは必要なだけ得られるんだ」という「安心感」に変わって、とても落ち着きました。

何より親が見本を見せよう

「ママも練習中なんだ」と親の弱点や失敗も見せていく

子どもが不得手なことに直面して悩んでいるとき、ママは自分にも不得手なことがあることを棚に上げ、さも得意そうにアドバイスしてしまうことってありませんか。しかし、「こうすればできる」と理屈を唱えたり、できる人の話を持ち出したりしても、子どもには響いていきません。

ママが「自分も苦手なことがあるし、失敗もするけど、できるようになろうとしている」と伝えるのはよいことです。それは、「挑戦すれば能力を伸ばせる。子どもだってそうだし、ママくらいの年になっても、いつからでもできることなのだ」と示すチャンスでもあります。

人間の脳にはミラーニューロンという神経細胞があり、見たものを吸収して真似をしようとする性質があります。

ですから、「今はできなくても、練習すればいつかできるようになる」とママが前向きに取り組む姿勢を見せることで、子どもたちもそこから多くのことを学んでいきます。ママがお手本を示してくれるのだから安心だ、と感じることができ、不得手なことにも挑戦できるようになるのです。

親が間違ったときは謝ることも大切ですね。親なのに間違ったことを謝るなんて、と思うかもしれませんが、「人は間違うこともある」「間違ってもいい」ということを見せることになります。謝れるのは「今間違ってもこれからよくなっていける」と思うからこそ。ママが謝る姿から、子どももそれを学び、自己効力感がアップしますよ。

親の私も「やってみよう」を育てよう

子育てに息詰まったとき、「ああ、私って親失格」「もともと素質がないんだわ」と思っていませんか？　そんなときには「いやいや、私もまだまだ練習中」と考え直して、この本に載っているスキルひとつでもいいので試してみてくださいね。

パートナーシップはどうでしょうか。夫と喧嘩ばかりで、もうダメだとあきらめていませんか？　そんな中でも、まだ何かできることがあると思えるでしょうか。自己効力感が育めると、人間関係が悪いのは相性や変わらない性格のせいではなく、関係性のせいだと考えて、いろいろ試してみることができます。

ずっとやってみたいけど挑戦していないことがありませんか？　あるいは、人がやっていることでうらやましいことは？　うらやましく感じることは、ずっとやりたいと思っていて、あなたにそれをやる力もあるのに十分に努力を注いでいない分野かもしれませんね。

もしあるなら、「いつからでも努力したら伸ばせる」と、それを始めてみませんか？

親があきらめずにものごとに取り組んだり、新しいことに挑戦したり、いきいきと生きているると、そんな親の背中を見た子どもたちは、将来に希望を持ち、自分も「やってみよう」と思うでしょう。子どもの人生は、声かけひとつでぐんぐん変わる。親の人生も同じです。自分への声かけを見直して、自分の「やってみよう」を育ててみてくださいね。

私自身まだできないこともありますが、読者の皆さんと一緒に「やればやるほど上手になる」と信じて練習していきます。

おわりに

最後までおつきあいいただき、ありがとうございます。

子どもたちが失敗を恐れずに挑戦する力を伸ばせるよう、ママはこんな言葉をかけてあげるといいですよ、という話をしてきました。具体例をたくさん挙げたので、ぜひ使えそうなものから役立てていただきたいと願っています。

こんな言い方はよくない、という例も挙げました。「よくないとは知らず、これまでずいぶん口にしてきた」とショックを受けてしまわれた方もいらっしゃるかもしれません。だとしても、あまり気になさらないでください。なぜよくないのかという理由をご理解いただけたなら、さっそく今日から、言葉の方向転換をはかることができますね。

心理学にも子育てにも正解はありません。また、関わり方は、子どもの年齢や親との関係性によって変わってくるでしょう。ここに載っている言葉は参考にして、実際の効果を観察しながら自分なりの関わり方を工夫してみてくださいね。

この本を読んでくださったあなたならきっと、言葉の力をよい方向に使うことを選んでくださるでしょう。その成果はすぐにあらわれます。これまでのマイナスを補ってプラスに転じることが十分に可能です。ぜひ、自分のお子さんだけでなく、自分自身も、そしてお隣のお子さんにも、会社の同僚や部下、学校の生徒たちにも用いてください。

言葉が及ぼす影響力はかなりのものですよ。破壊力も強いですが、修復力も強いのです。そうしたプラスの力を信じてください。そして、言葉の威力を最大限に活かしてください。

親が発する素敵な言葉のシャワーを浴びて育った子は、幸せな気分で前向きに生きていけるでしょう。自分の気持ちを表現することが上手になりますし、学習意欲も増します。遊ぶことや友達づきあいにも、より意欲的になっていきます。全ての面でよい効果が望めます。

それは私の専門分野である心理学の見地から確信を持ってお約束できることです。また、実際に子育てを経験した者として、ママとパパからの愛情あふれる言葉は子どもにとって何よりの栄養であると断言できます。

言葉で子どもの心に栄養を与え、自己効力感を育んでいきましょう。子育てがぐんと楽になり、よりいっそう楽しめるようになります。今後の展開が楽しみですね。

私たちが意識していい言葉を使うようにしていくと、親自身の心も潤い、自己効力感が高まります。言葉というものは、それを口にした人、聞いた人、どちらにも強く影響するからです。さあ、ますます楽しみになってきたでしょう。読者の皆様お一人おひとりに、よい変化が訪れますように！

著者

編者紹介

松村　亜里（まつむら・あり）

ニューヨークライフバランス研究所 代表

母子家庭で育ち中卒で大検をとり、朝晩働いて貯金をしてニューヨーク市立大学入学。首席で卒業後、コロンビア大学大学院修士課程(臨床心理学)、秋田大学大学院医学系研究科博士課程(公衆衛生学)修了。医学博士・臨床心理士・認定ポジティブ心理学プラクティショナー。

ニューヨーク市立大学、国際教養大学でカウンセリングと心理学講義を 10 年以上担当し、2013 年からニューヨークで始めた異文化子育て心理学講座が好評で州各地に拡大。ニューヨークライフバランス研究所を設立してポジティブ心理学を広めている。幸せを自分でつくり出す人を増やすために、エビデンスに基づいた理論とスキルを紹介し、実践に落とし込む講座を展開。世界中の親に向けて 2018 年に開設した「世界に通用する子どもの育て方オンライン講座」が好評で書籍となる。ポジティブ心理学を人生に活かす「Ari's Academia」ビジネスや仕事に活かす「Ari's Academia for Professionals」、２つのオンラインサロンも開催中。

HP lifebalaneny.org

メールマガジン登録はこちら→

子どもの自己効力感を育む本

2020 年 3 月 26 日　第 1 版　第 1 刷発行
2022 年 3 月 2 日　　　　　第 5 刷発行

著　者　　松村亜里

発行所　　WAVE 出版
〒 102-0074　東京都千代田区九段南 3-9-12
TEL 03-3261-3713　FAX 03-3261-3823
振替 00100-7-366376
E-mail: info@wave-publishers.co.jp
https://www.wave-publishers.co.jp

印刷・製本　萩原印刷

NDC599　207p　19cm　ISBN978-4-86621-268-5